U0800561

铁路外部环境安全典型案例汇编

中国铁路北京局集团有限公司　编

中国铁道出版社有限公司

2025 年·北　京

内 容 简 介

本书对近年来外部环境影响铁路运输安全的典型案例进行了归纳整理，包括外部环境影响行车案例和外部环境安全知识两章内容，第一章包括违法施工、上跨并行、堆放隐患、飘浮物、危害铁路通信信号设施等 14 个方面的 66 个典型案例，通过场景还原，分析问题根源，提炼安全启示，解读法律法规，明示隐患重点，强化防控关键；第二章包括各类环境隐患管控和《铁路安全管理条例》相关处罚条款等内容。

本书可供铁路单位进行职工环境安全教育、案例查询和新职人员培训使用，也可为铁路沿线各级政府安全监管和执法部门、各企事业单位和社会人员提供学习借鉴。

图书在版编目（CIP）数据

铁路外部环境安全典型案例汇编 / 中国铁路北京局集团有限公司编. -- 北京 : 中国铁道出版社有限公司, 2025. 5. -- ISBN 978-7-113-32232-8

Ⅰ. U298

中国国家版本馆 CIP 数据核字第 2025C28Q30 号

书　　名：铁路外部环境安全典型案例汇编
作　　者：中国铁路北京局集团有限公司

责任编辑：黄　筱　　　**编辑部电话：**(010)51892548
编辑助理：冯琪宇
封面设计：刘　莎
责任校对：苗　丹
责任印制：高春晓

出版发行：中国铁道出版社有限公司（100054，北京市西城区右安门西街 8 号）
网　　址：https://www.tdpress.com
印　　刷：北京联兴盛业印刷股份有限公司
版　　次：2025 年 5 月第 1 版　2025 年 5 月第 1 次印刷
开　　本：880 mm×1 230 mm 1/32　**印张：**10.5　**字数：**199 千
书　　号：ISBN 978-7-113-32232-8
定　　价：55.00 元

编 委 会

前言

为认真贯彻落实习近平总书记关于安全生产重要论述和对铁路安全工作的重要指示批示精神，坚持人民至上、生命至上理念，贯彻总体国家安全观，树牢大安全意识，全面提高铁路外部环境隐患识别、风险研判、危害管控、有效治理能力，为铁路运输安全畅通奠定坚实的外部环境安全基础，北京局集团公司安全监察室联合职工培训部等部门对近年来外部环境影响铁路运输安全的典型案例进行了归纳整理，组织编写了《铁路外部环境安全典型案例汇编》。

本书分为外部环境影响行车案例和外部环境安全知识两部分内容，收纳了 66 个典型案例，通过场景还原，分析问题根源，提炼安全启示，解读法律法规，明示隐患重点，强化防控关键，提出工作要求。旨在警示广大干部职工提升意识、路地联动、依法依规、分工履责、共保安全。

本书为铁路沿线环境安全隐患整治和风险防控提供了参考依据，可供铁路单位进行职工环境安全教育、案例查询和新职人员培训使用，也可为铁路沿线各级政府安全监管和执法部门、各企事业单位和社会人员提供学习借鉴。

本书由中国铁路北京局集团有限公司职工培训部、安全监察室组织编写。刘佩佩、田久明、麻利担任主编，黑良涛、曹晓东、赵永波、桂锐、邱锋、滕俊青、李辉、贾宇龙、刘雪松、王晋、李义、李腾、赵京元、冀拥军、张志辉、闫文立、刘如勋、李玉雷、师念东、赵勋、李梦群参加编写，全书经孙强、吴化冰、陈志革、许伟、李广等集体审定。

本书引用的规章制度具有时效性，请读者结合实际，依据现行法规、规章、制度、标准、规定等参照学习。有不妥之处，敬请指正。

编委会

2025 年 3 月

目录

第一章 | 外部环境影响行车案例

第二章 | 外部环境安全知识

第一章

外部环境影响行车案例

第一节　违法施工类

《铁路外部环境安全管理办法》（铁安监〔2020〕173 号）规定：违法施工类，主要指在铁路线路安全保护区内取土、挖砂、挖沟、下穿上跨施工、采空作业等安全隐患。

案例 1

地方吊车违法施工侵限导致接触网跳闸

问题概况

×年×月×日×时×分，×客专×站至×站间×特大桥×处，地方×路桥公司雇用的一台汽车吊，在下穿×客专的高速公路上安装防坠棚施工过程中，吊臂触碰接触网设备造成上下行线接触网跳闸，影响客车 3 列。现场情况如图 1 所示。

图 1

问题原因

由于地方公路企业违法擅自在邻近铁路营业线施工所致。

×年×月×日，地方×路桥公司未按规定向铁路部门办理相关手续的情况下，私自非法施工，使用汽车吊安装高速公路防坠棚，在吊装第七根钢立柱时（钢立柱高 4.8 米、基础高 1.6 米，立柱总高 6.4 米；供电线距高速公路桥面 12 米、AF 线距高速公路桥面 13.8 米），吊车吊臂触碰供电设备，造成接触网跳闸。

安全警示

1. 公路管理和施工单位。一是要认真履行安全生产主体责任，严格遵守《中华人民共和国安全生产法》第四十八条“两个以上生产经营单位在同一作业区域内进行生产经营活动，可能危及对方生产安全的，应当签订安全生产管理协议，明确各自的安全生产管理职责和应当采取的安全措施，并指定专职安全生产管理人员进行安全检查与协调”的规定。二是要严格落实《铁路安全管理条例》（国务院令第639号）第七条“禁止扰乱铁路建设、运输秩序。禁止损坏或者非法占用铁路设施设备、铁路标志和铁路用地”、第三十二条“在铁路线路安全保护区及其邻近区域建造或者设置的建筑物、构筑物、设备等，不得进入国家规定的铁路建筑限界”等相关法规规定，在上跨下穿等公路铁路交叉区域和邻近铁路线路安全保护区域施工作业时，须提前报经铁路运输企业同意。三是要严格落实《国铁集团铁路营业线施工管理办法》（铁调〔2021〕160号）有关邻近营业线施工的相关规定，与相关铁路单位进行现场踏勘确认，严格按审定方案施工，与铁路相关单位建立信息沟通机制，签订安全协议并落实施工过程现场安全监护，杜绝违法施工、野蛮施工，确保施工作业不危及铁路安全。

2. 地方公路管理部门要严格落实《中华人民共和国道路交通安全法》、《铁路安全管理条例》（国务院令第639号）等相关规定，规范铁路线路安全保护区内公路施工项目审批并加强安全监管，防范和制止违法施工等可能危及铁路安全的行为，督促公路单位依法依规遵守铁路安全相关法规要求，加强源头控制，确保铁路安全。

3. 铁路单位要加强外部环境和设备设施巡视检查，及时发现和处置铁路线路安全保护区及邻近区域违法施工，特别是违法使用大型机械施工，不听劝阻的立即报告铁路公安和地方政府，及时消除安全隐患。

案例 2

地方违法在铁路隧道顶部打井贯穿隧道

问题概况

×年×月×日×时×分，×客专×次添乘人员发现×站至×站间下行线×处线路中心有混凝土块。经工务上线确认，在×客专下行线×处隧道顶部有一直径约 25 厘米圆孔，约 0.15 立方米隧道衬砌混凝土块掉落在道心。清理后，列车限速 80 千米/小时运行。现场情况如图 2 所示。

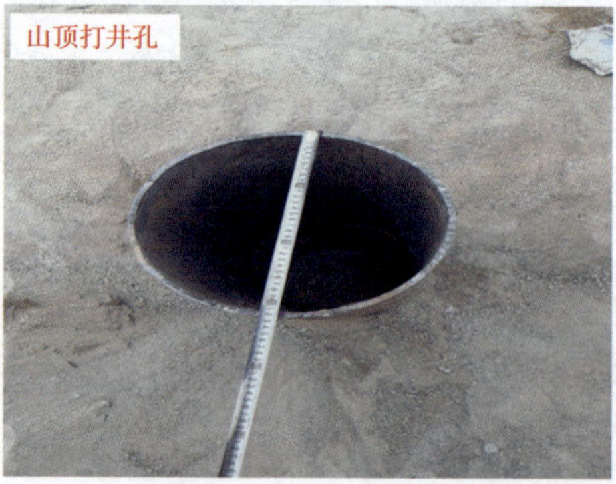

图 2

问题原因

由于地方村委会擅自在铁路隧道上方违法打井施工所致。

×年×月×日，×村委会违反《铁路安全管理条例》（国务院令第639号）第三十条规定，擅自组织在×客专隧道正上方进行打井钻孔作业，打穿隧道拱顶混凝土衬砌，衬砌混凝土块掉落到线路道心。事前，勘察设计单位受托在该村进行水源勘察时，虽聘请专业人员进行水影响评估并召开了专家论证会，但未通知铁路单位参加，也未将对铁路安全的影响纳入评估范围。该井设计打深370米，施工单位在钻孔达32.6米时发现钻透隧道，随即停工并报告村委会。

安全警示

1. 当地村委会。一是要认真履行安全生产主体责任，严格遵守《中华人民共和国安全生产法》第四十八条“两个以上生产经营单位在同一作业区域内进行生产经营活动，可能危及对方生产安全的，应当签订安全生产管理协议，明确各自的安全生产管理职责和应当采取的安全措施，并指定专职安全生产管理人员进行安全检查与协调”规定。二是要严格遵守《铁路安全管理条例》（国务院令第639号）第三十条“在铁路线路安全保护区内建造建筑物、构筑物等设施，取土、挖砂、挖沟、采空作业或者堆放、悬挂物品，应当征得铁路运输企业同意并签订安全协议，遵守保证铁路安全的国家标准、行业标准和施工安全规范，采取措施防止影响铁路运输安全”等相关法规规定，在铁路隧道上方铁路线路安全保护区内使用大型机械施工前，要征得铁路运输企业同意并派人现场安全监护，严格按照审定方案规范施工，杜绝违法施工、野蛮施工，确保施工作业不危及铁路安全。

2. 地方水行政主管部门。要落实《中华人民共和国水法》、《铁路安全管理条例》（国务院令第639号）等相关规定，加强与规划部门协调沟通，严格规范铁路线路安全保护区内打井勘探施工项目审批并加强安全监管，防范和制止违法用水开采勘探施工等可能危及铁路安全的行为，督促相关单位依法依规遵守铁路安全相关法律法规，加强源头控制，确保铁路安全。

3. 铁路单位。一是要加强铁路隧道上方安全管理，埋设警示标志并注明联系电话，加强隧道上方日常安全巡查，及时发现和处置大型机械施工等违法行为，确保铁路隧道安全。二是要与铁路隧道上方属地政府、村委会及邻近企业建立信息沟通机制，加强铁路隧道安全宣传，遇地方计划在铁路隧道上方安全区域内施工作业时，严格方案审查，确保安全。

案例 3

地方吊车违规作业砸坏铁路供电设施

问题概况

×年×月×日×时×分，×线上下行接触网跳闸。经查，在×线×处，地方×公路施工工地，吊装中的横移导轨倾倒砸断接触网承力索。经供电部门紧急抢修后恢复，中断行车 2 小时，影响客车 8 列、货车 9 列。现场情况如图 3 所示。

图 3

问题原因

由于地方公路单位擅自在邻近铁路营业线违法施工所致。

×年×月×日×时×分，地方×公路施工单位在未办理任何施工手续，也未通知铁路单位现场监护的情况下，擅自在邻近×线吊装横移导轨作业。作业过程中，违反安全操作规定，两台吊车起吊不同步，造成其中一台吊车失稳，横移导轨一端落下，砸断下行线接触网承力索，造成上下行接触网停电。

安全警示

1. 公路施工单位。一是要认真履行安全生产主体责任，严格遵守《中华人民共和国安全生产法》第四十八条“两个以上生产经营单位在同一作业区域内进行生产经营活动，可能危及对方生产安全的，应当签订安全生产管理协议，明确各自的安全生产管理职责和应当采取的安全措施，并指定专职安全生产管理人员进行安全检查与协调”规定。二是要严格落实《铁路安全管理条例》（国务院令第 639 号）第三十条“在铁路线路安全保护区内建造建筑物、构筑物等设施，取土、挖砂、挖沟、采空作业或者堆放、悬挂物品，应当征得铁路运输企业同意并签订安全协议，遵守保证铁路安全的国家标准、行业标准和施工安全规范，采取措施防止影响铁路运输安全”等相关法规规定。三是要严格落实《国铁集团铁路营业线施工管理办法》（铁调〔2021〕160 号）有关邻近营业线施工的规定，事前进行施工设计、方案审查和计划审批，施工作业过程中严格落实施工方案和设备安全操作规程，现场监护人员要发挥应有作用，及时发现和制止违规操作行为，确保铁路安全。

2. 属地公路管理部门。要落实《中华人民共和国道路交通安全法》、《铁路安全管理条例》（国务院令第 639 号）等相关规定，严格规范铁路线路安全保护区内公路施工项目审批并加强安全监管，防范和制止违法施工等可能危及铁路安全的行为，督促公路单位依法依规遵守铁路安全相关法律法规，加强源头控制，确保铁路安全。

3. 铁路单位。一是要加强邻近铁路营业线施工，特别是大型机械施工的安全管理，严格施工计划审批，坚持“施工不行车，行车不施工”原则，把影响营业线行车安全的作业纳入天窗计划。对于允许在天窗点外的作业，铁路监护人员要发挥作用，确保铁路行车安全。二是要加强外部环境和设备设施巡视检查，及时发现和处置铁路线路安全保护区及邻近区域违法施工，特别是违法使用大型机械施工，不听劝阻的立即报告铁路公安和地方政府，及时消除安全隐患。

案例 4

中铁工程局违规施工损坏铁路供电设备

问题概况

×年×月×日×时×分，接×列车司机报告，×线上行线×处接触网支柱根部折断影响行车。经查，×中铁工程局在未通知供电单位现场监护情况下，擅自在×线上行线×处线路外侧进行挖土施工，造成接触网支柱下锚拉线基础严重塌陷，导致接触网支柱根部折断。经供电和施工单位紧急抢修恢复，中断行车 6 小时 15 分钟。现场情况如图 4 所示。

图 4

问题原因

由于×中铁工程局不按邻近营业线施工方案组织施工所致。

×年×月×日，×中铁工程局在未通知供电单位现场监护情况下，擅自在×线上行线×处线路外侧进行挖土施工，作业过程中不执行施工方案，盲目开挖基坑，造成接触网支柱下锚拉线基础塌陷，导致接触网支柱根部折断。

安全警示

1. 工程施工单位。一是要认真履行安全生产主体责任，严格遵守《中华人民共和国安全生产法》第四十八条“两个以上生产经营单位在同一作业区域内进行生产经营活动，可能危及对方生产安全的，应当签订安全生产管理协议，明确各自的安全生产管理职责和应当采取的安全措施，并指定专职安全生产管理人员进行安全检查与协调”规定。二是要严格落实《铁路安全管理条例》（国务院令第639号）第三十条“在铁路线路安全保护区内建造建筑物、构筑物等设施，取土、挖砂、挖沟、采空作业或者堆放、悬挂物品，应当征得铁路运输企业同意并签订安全协议，遵守保证铁路安全的国家标准、行业标准和施工安全规范，采取措施防止影响铁路运输安全”等相关法规规定。三是要在施工前科学制定施工方案和保障措施，施工中要严格落实施工方案，现场施工负责人要对作业过程严格管控，及时发现并制止苗头性或倾向性违规行为，确保施工过程安全和铁路安全。

2. 铁路单位。一是要高度重视邻近营业线施工安全，事前要组织进行细致现场勘察和摸底调查，细化施工方案并按要求严格组织审查。二是要加强施工过程控制和现场安全监管，必要时通知相关设备管理单位现场监护，在监护人员未到齐情况下不得擅自施工，确保设备安全和行车安全。

案例 5

村民违法施工挖断电力电缆

问题概况

×年×月×日×时×分，×线×站电力停电。经查，×村村民使用挖掘机挖土过程中，将×线×配电所自闭、贯通线路电缆挖断。经供电部门抢修后恢复，影响列车 4 列。现场情况如图 5 所示。

图 5

问题原因

由于村民擅自在铁路电力电缆径路上违法挖掘施工所致。

×年×月×日，×村村民在未向铁路部门报备且未确认电缆标识的情况下，在自家菜地内使用挖掘机开挖蓄水池作业，将×线×配电所自闭、贯通线路电缆挖断。

安全警示

1. 铁路沿线村民要严格遵守《铁路安全管理条例》（国务院令第639号）第三十条“在铁路线路安全保护区内建造建筑物、构筑物等设施，取土、挖砂、挖沟、采空作业或者堆放、悬挂物品，应当征得铁路运输企业同意并签订安全协议，遵守保证铁路安全的国家标准、行业标准和施工安全规范，采取措施防止影响铁路运输安全”等相关法规规定，在铁路线路安全保护区内、电缆径路上和铁路设备设施周边施工要征得铁路运输企业同意，必要时在铁路单位派员现场监护的情况下方可施工，确保铁路安全。

2. 铁路单位。一是要严格遵守《铁路安全管理条例》（国务院令第639号）第五十条，铁路运输企业应当按照国家标准、行业标准在铁路电力、信号、通信光（电）缆的埋设、铺设地点设置易于识别的警示、保护标志等相关法规规定和文件标准要求，规范埋设标桩并在一定范围内设置严禁动土警示牌和铁路部门联系人、联系电话。二是要加强外部环境、设备设施、电缆径路以及标志标识的巡查，及时发现和处置铁路线路安全保护区、电缆径路及设备设施周边区域违法施工，特别是违法使用大型机械施工，不听劝阻的立即报告铁路公安和地方政府，及时消除安全隐患。

案例 6

地方在建大楼钢管脱落造成接触网跳闸

问题概况

×年×月×日×时×分，×线×站至×站间上、下行线接触网跳闸，×时×分试送电成功，影响客车 1 列。现场情况如图 6 所示。

图 6

问题原因

由于地方施工单位在拆除办公楼外临时水管时违规操作，导致钢管失稳倾倒搭接供电线造成跳闸。

×年×月×日，×地方建筑公司承揽×地方办公楼工程施工（办公楼共9层高44.7米，位于铁路变电所南侧，距变电所围墙27.8米），在未办理相关手续，也未通知铁路单位现场监护的情况下组织施工，在拆除办公楼外立面临时上水管（钢管，长26米，外径4.8厘米）时，违规拆除6层以下钢管与楼体连接件，造成26米钢管与楼体脱开倾倒，搭接变电所供电线，造成放电跳闸。

安全警示

1. 建筑施工单位。一是要认真履行安全生产主体责任，严格遵守《中华人民共和国安全生产法》第四十八条“两个以上生产经营单位在同一作业区域内进行生产经营活动，可能危及对方生产安全的，应当签订安全生产管理协议，明确各自的安全生产管理职责和应当采取的安全措施，并指定专职安全生产管理人员进行安全检查与协调”规定。二是要严格落实《铁路安全管理条例》第三十条“在铁路线路安全保护区内建造建筑物、构筑物等设施，取土、挖砂、挖沟、采空作业或者堆放、悬挂物品，应当征得铁路运输企业同意并签订安全协议，遵守保证铁路安全的国家标准、行业标准和施工安全规范，采取措施防止影响铁路运输安全”等相关法规规定，在铁路线路安全保护区及邻近区域施工作业前，应当征得铁路运输企业同意。三是要严格落实《国铁集团铁路营业线施工管理办法》（铁调〔2021〕160号）有关邻近营业线施工的规定，事前进行施工方案审查和计划审批并签订安全协议，施工过程中严格落实施工方案和操作流程，现场监护人员要发挥应有作用，及时发现和制止违规操作行为，确保铁路安全。

2. 属地建设管理部门要落实《中华人民共和国安全生产法》、《铁路安全管理条例》（国务院令第639号）等相关规定，严格规范铁路线路安全保护区内及邻近区域建设施工项目审批并加强安全监管，防范和制止违法施工等可能危及铁路安全的行为，督促产权单位和施工单位依法依规遵守铁路安全相关法规要求，加强源头控制，确保铁路安全。

3. 铁路单位要加强外部环境和设备设施巡视检查，及时发现和处置铁路线路安全保护区及邻近区域违法施工，不听劝阻的立即报告铁路公安和地方政府，及时消除安全隐患。

案例 7

村民违法施工造成异物滚落侵限影响行车

问题概况

×年×月×日×时×分，×次列车行至×线×站至×站间下行线×处（非道口、无护网、55 千米/小时），司机发现机车下部有异音，停于该区间×处，×时×分经检查未发现异常，×时×分开；×时×分，后续×次行至该区间前异音同地点处停车，司机反映前方运行方向左侧轨枕头上有水泥块。经工务添乘人员与司机共同处理后×时×分开，影响货车 4 列。现场情况如图 7 所示。

图 7

问题原因

当地村民使用铲车在路堑坡顶上方清理建筑垃圾并平整场地，导致2块较大建筑垃圾（一块为圆柱体混凝土块，长40厘米、直径49厘米，另一块为长方体石块，长50厘米、宽30厘米、高25厘米）滚落到线路旁，其中圆柱体混凝土块砸中钢轨后，停留在轨枕头旁，侵入安全限界，影响行车，是问题发生的直接原因。

安全警示

1. 铁路沿线村民要严格遵守《铁路安全管理条例》（国务院令第639号）第三十条“在铁路线路安全保护区内建造建筑物、构筑物等设施，取土、挖砂、挖沟、采空作业或者堆放、悬挂物品，应当征得铁路运输企业同意并签订安全协议，遵守保证铁路安全的国家标准、行业标准和施工安全规范，采取措施防止影响铁路运输安全”等相关法规规定，在铁路线路安全保护区内、电缆径路上和铁路设备设施周边施工要征得铁路运输企业同意，必要时在铁路单位派员现场监护的情况下方可施工，确保铁路安全。

2. 铁路单位。一是要严格遵守《铁路安全管理条例》（国务院令第639号）规定，要加强外部环境、设备设施、电缆径路以及标志标识的巡查，及时发现和处置铁路线路安全保护区、电缆径路及设备设施周边区域违法施工，特别是违法使用大型机械施工，不听劝阻的立即报告铁路公安和“地方段长”，及时消除安全隐患。

安全小启示

1. 铁路沿线各施工单位或个人。一是要认真履行安全生产主体责任，严格遵守《中华人民共和国安全生产法》第四十八条“两个以上生产经营单位在同一作业区域内进行生产经营活动，可能危及对方生产安全的，应当签订安全生产管理协议，明确各自的安全生产管理职责和应当采取的安全措施，并指定专职安全生产管理人员进行安全检查与协调”规定。二是要严格落实《铁路安全管理条例》（国务院令第639号）第七条“禁止扰乱铁路建设、运输秩序。禁止损坏或者非法占用铁路设施设备、铁路标志和铁路用地”，第三十条“在铁路线路安全保护区内建造建筑物、构筑物等设施，取土、挖砂、挖沟、采空作业或者堆放、悬挂物品，应当征得铁路运输企业同意并签订安全协议，遵守保证铁路安全的国家标准、行业标准和施工安全规范，采取措施防止影响铁路运输安全”，第三十二条“在铁路线路安全保护区及其邻近区域建造或者设置的建筑物、构筑物、设备等，不得进入国家规定的铁路建筑限界”和第五十二条“禁止实施危及铁路通信、信号设施安全相关行为”等规定，在上跨下穿等公路铁路交叉区域和邻近铁路线路安全保护区域施工作业时，须提前报经铁路运输企业同意。三是要严格落实《国铁集团铁路营业线施工管理办法》（铁调〔2021〕160号）有关邻近营业线施工的规定，事前进行施工方案审查和计划审批并签订安全协议，施工过程中严格落实施工方案和操作流程，加强施工组织和安全监管，及时发现和制止违规行为，确保铁路安全。

2. 属地政府主管部门要严格落实《铁路安全管理条例》（国务院令第639号）第四条“落实护路联防责任制，防范和制止危及铁路安全的行为，协调和处理保障铁路安全的有关事项，做好保障铁路安全的有关工作”和《国务院办公厅转发交通运输部等单位关于加强铁路沿线安全环境治理工作意见的通知》（国办函〔2021〕49号）“地方人民政府承担属地治理责任”等相关规定，规范铁路线路安全保护区内施工项目审批并加强安全监管，防范和制止违法施工等可能危及铁路安全的行为，督促施工单位依法依规遵守铁路安全相关法规要求，加强源头控制，确保铁路安全。

3. 铁路单位。一是要高度重视邻近铁路营业线施工安全监管，严格落实方案审查和现场安全监护制度。二是要加强外部环境和设备设施巡视检查，及时发现和处置铁路线路安全保护区及邻近区域违法施工，特别是违法使用大型机械施工，违法上跨下穿、违法挖沟等行为，不听劝阻的立即报告铁路公安和地方政府，及时消除安全隐患。三是要加强铁路安全宣传教育，加大邻近铁路线路违法施工案例宣传，提升铁路沿线属地政府、村委会、企（事）业单位和广大人民群众铁路安全意识，引导鼓励广大群众发现举报违法施工行为，减少邻近铁路违法施工问题的发生。

第二节　危险物品类

《铁路外部环境安全管理办法》（铁安监〔2020〕173 号）规定：危险物品类，主要指在铁路沿线两侧不符合国家标准、行业标准规定的安全防护距离，建造、设立生产加工储存或者销售易燃、易爆或者放射性物品等危险物品场所仓库安全隐患。

案例 1

地方油气管线爆燃损毁铁路设备设施

问题概况

×年×月×日×时×分，×高铁×站至×站间上下行接触网跳闸，经检查为×运河特大桥上行外侧 14 米处（铁路线路安全保护区为 12 米），地方燃气管道（埋深 1.2 米，管径 0.4 米，管壁厚度8毫米，压力3兆帕，高铁建设期间建成投产）爆燃起火，烧断上下行接触网和信号电缆，烧损轨道板、桥墩和梁体等多种铁路设备设施，长时间中断行车。现场情况如图8所示。

图8

问题原因

由于地方燃气公司违反设计规范，铺设并行管线与高铁间距不足，且地方企业长期在高铁桥下和燃气管线径路上方违法堆放物料、修建水池、通行和停放载重汽车，导致管道位移断裂，燃气泄漏爆燃。

×年×月，地方燃气公司违反技术标准和设计要求（与高铁间距不小于15米），在×高铁×处（距离铁路桥梁边缘10.98米处）并行铺设燃气管线。自×年×月起，×公路工程服务有限公司在×高铁×处桥下及燃气管线径路上方非法堆放大量砂石料（长145米、宽22.5米、最大高度6米）、修建水泥罐车清洗水池、通行和停放载重汽车。在上述因素综合作用下，形成的侧向推力造成燃气管道发生偏移。×年×月×日×时×分，燃气管道环焊缝在应力作用下突然断裂，高压燃气瞬间大量涌出，在地方10千伏高压线杆顶部绝缘子处遇点火源爆燃，大火迅速蔓延烧断接触网，烧损信号电缆和多种工务设备。

安全警示

1. 油气管线所属企业。一是要认真履行安全生产主体责任，严格落实《铁路安全管理条例》（国务院令第639号）第三十三条“在铁路线路两侧建造、设立生产、加工、储存或者销售易燃、易爆或者放射性物品等危险物品的场所、仓库，应当符合国家标准、行业标准规定的安全防护距离”和《高速铁路安全防护管理办法》（交通运输部令2020年第8号）第十六条“跨越、下穿或者并行高速铁路线路的油气、供气供热、供排水、电力等管线规划、设计、施工应当满足相关国家标准、行业标准及管理规定。施工前应当向铁路运输企业通报，与铁路运输企业协商一致后方可施工，必要时铁路运输企业可以派员进行安全防护”等法规规定，安全规范进行铁路沿线新建管线设计施工。二是要加强日常油气管线安全巡查，及时发现和处置管线径路上违法堆放、钻探、碾压等危及管线安全的隐患问题，确保管线和铁路安全运营，遇管线突发紧急情况可能影响铁路安全时，及时通报铁路单位采取妥善应急措施，确保铁路行车安全。三是要严格遵守《中华人民共和国安全生产法》第四十八条“两个以上生产经营单位在同一作业区域内进行生产经营活动，可能危及对方生产安全的，应当签订安全生产管理协议，明确各自的安全生产管理职责和应当采取的安全措施，并指定专职安全生产管理人员进行安全检查与协调”规定，与铁路单位签订安全管理协议。

2. 铁路沿线企事业单位。一是要严格遵守《中华人民共和国安全生产法》第四十八条“两个以上生产经营单位在同一作业区域内进行生产经营活动，可能危及对方生产安全的，应当签订安全生产管理协议，明确各自的安全生产管理职责和应当采取的安全措施，并指定专职安全生产管理人员进行安全检查与协调”规定。二是要严格落实《铁路安全管理条例》（国务院令第639号）第三十条“在铁路线路安全保护区内建造建筑物、构筑物等设施，取土、挖砂、挖沟、采空作业或者堆放、悬挂物品，应当征得铁路运输企业同意并签订安全协议，遵守保证铁路安全的国家标准、行业标准和施工安全规范，采取措施防止影响铁路运输安全。铁路运输企业应当派员对施工现场实行安全监督”等相关法律法规，以及地方性铁路安全法规和油气管线相关法规规定，严格落实铁路和油气管线安全保护区域要求，禁止违法侵占、违法堆放、违法通行、违法施工等行为，在铁路和油气管线安全保护区及邻近区域施工前，要征得铁路单位和油气企业审批同意，必要时铁路单位和油气企业派人现场监护，确保施工不危及铁路和油气管线安全。

3. 属地政府相关主管部门要严格遵守《中华人民共和国石油天然气管道保护法》、《中华人民共和国铁路法》（以下简称《铁路法》）、《铁路安全管理条例》（国务院令第 639 号）等法律法规相关规定，加强铁路沿线油气管线项目审批和日常安全监管，及时发现油气管线建设违规隐患或安全管理问题并督促整改，强化源头控制，确保油气管线安全。

4. 铁路单位。一是要加强新建油气管线与铁路交会区段建设期间的安全监护，确保建设标准、安全距离、防护设施等均符合国家标准和铁路安全要求。二是要全面掌握铁路两侧 100 米范围内与铁路交会油气管线底数并与油气企业签订安全管理协议，明确各自的安全责任和相关要求，建立联合巡查、信息通报和应急处置机制。三是要加强外部环境和设备设施巡查，统筹发挥巡防队伍作用，加强铁路桥下、铁路线路安全保护区，特别是铁路与油气管线交会区域违法倾倒渣土、堆物堆料和违法通行大型车辆等安全隐患巡查管控，发现可能危及油气管线安全风险时及时制止并立即通报油气企业快速处置，防止发生铁路沿线油气管线事故影响铁路安全的问题。

案例 2

邻近铁路地方厂房失火影响行车

问题概况

×年×月×日×时×分，×次列车行至×客专×站至×站间×处，司机反映上行线运行方向左侧高架桥下冒浓烟，影响行车，调度立即扣停后续列车。地方消防部门处理后，×时×分恢复，中断行车 2 小时 24 分钟，影响动车组 20 列。现场情况如图 9 所示。

图 9

问题原因

由于地方企业消防安全管理不到位，生产厂房发生火灾所致。

×年×月×日×时×分，×客专×处铁路桥梁外侧约 26 米一生产外墙保温泡沫板的地方企业消防管理不到位，未严格执行防火措施，造成厂房起火，过火面积约为 300 平方米，液化气罐爆炸，有毒浓烟在风力作用下飘向铁路，将铁路桥梁及线路包围，危及动车组列车安全，地方消防部门处理后，×时×分恢复行车。

安全警示

1. 铁路沿线生产加工企业。一是要认真履行安全生产主体责任，加强消防安全管理，落实消防安全责任制，及时排查和整治消防安全隐患。二是要严格遵守《中华人民共和国安全生产法》第四十八条“两个以上生产经营单位在同一作业区域内进行生产经营活动，可能危及对方生产安全的，应当签订安全生产管理协议，明确各自的安全生产管理职责和应当采取的安全措施，并指定专职安全生产管理人员进行安全检查与协调”。三是要遵守《铁路安全管理条例》（国务院令第 639 号）第三十三条“在铁路线路两侧建造、设立生产、加工、储存或者销售易燃、易爆或者放射性物品等危险物品的场所、仓库，应当符合国家标准、行业标准规定的安全防护距离”等相关规定，加强易燃易爆品生产、存储、加工、经营等各环节安全管理，制定完善相关应急预案并定期演练，确保不发生安全生产事故。遇企业突发紧急情况可能影响铁路安全时，及时通报铁路单位采取妥善应急措施，确保铁路行车安全。

2. 属地政府相关主管部门要严格遵守《中华人民共和国安全生产法》、《铁路法》、《铁路安全管理条例》（国务院令第639号）等法律法规相关规定，加强铁路沿线重点生产企业，特别是易燃易爆生产、加工、存储、经营企业的项目审批和日常安全监管，及时发现消防等安全隐患并督促整改，强化源头控制，防止发生影响铁路行车安全的问题。

3. 铁路单位。一是要加强铁路安全保护区及邻近区域易燃易爆生产、存储、加工、经营企业的安全风险排查研判，对不符合相关法律法规安全规定的要及时报告属地政府彻底进行规范或整治。二是要建立日常信息沟通机制，加强联合检查，及时发现并处置苗头性、倾向性安全风险隐患，遇企业突发紧急情况及时采取妥善应急措施，确保铁路行车安全。

案例 3

地方企业罐体爆炸影响高铁行车

问题概况

×年×月×日×时×分，×次列车行至×高铁×处时，司机发现列车无网压，随即听到车下异音，立即采取紧急制动措施，停于×处。经查，距×高铁百米外的地方×经贸有限公司生产混凝土添加剂车间罐体发生爆炸，罐体顶盖及残片飞向铁路砸断高铁下行线接触网接地线和避雷线，破坏声屏障，并与运行中的动车组相撞，造成×高铁行车中断，经铁路部门紧急抢修后恢复，影响动车组 47 列。现场情况如图 10 所示。

图 10

问题原因

由于地方企业生产作业安全管控不到位所致。

×年×月×日×时×分，地方×混凝土添加剂生产企业安全管理不到位，生产过程中违反操作规程，导致发生爆炸事故，爆炸时罐体顶盖及部分残片飞到高铁线路，砸断接触网接地线和避雷线，破坏声屏障，刮碰动车组，造成×高铁行车中断。

安全警示

1. 铁路沿线易燃易爆生产、加工、存储、经营企业，要认真履行安全生产主体责任，严格遵守《中华人民共和国安全生产法》和《铁路安全管理条例》（国务院令第 639 号）第三十三条“在铁路线路两侧建造、设立生产、加工、储存或者销售易燃、易爆或者放射性物品等危险物品的场所、仓库，应当符合国家标准、行业标准规定的安全防护距离”等相关规定，加强易燃易爆品生产、存储、加工、经营等各环节安全管理，制定完善相关应急预案并定期演练，确保不发生安全事故问题。遇企业突发紧急情况可能影响铁路安全时，及时通报铁路单位采取妥善应急措施，确保铁路行车安全。

2. 属地政府相关主管部门要严格遵守《中华人民共和国安全生产法》、《铁路法》、《铁路安全管理条例》（国务院令第 639 号）等相关法律法规，加强铁路沿线易燃易爆生产、加工、存储、经营企业的项目审批和日常安全监管，及时发现违规问题和安全隐患并督促整改，强化源头控制，避免发生安全生产事故。

3. 铁路单位要依法依规加强对铁路沿线易燃易爆生产、加工、储存、经营企业的排查，发现违法违规问题和安全隐患的要立即报告属地政府进行规范或彻底整治。要按规定与邻近铁路的生产加工企业建立信息沟通机制，遇企业突发安全紧急情况时及时采取妥善应急措施，确保铁路行车安全。

案例 4

地方违法勘探打漏燃气管道影响行车

问题概况

×年×月×日×时×分，×车站接到报告，反映×线×站至×站间×处，地方天然气管道泄漏，危及行车安全，车站立即将×次客车扣停于×站内，并报告列车调度员。×时×分经专业人员处理后恢复，影响客车 1 列、货车 3 列。现场情况如图 11 所示。

图 11

问题原因

由于地方企业违法在铁路沿线探挖作业打漏燃气管道，造成燃气泄漏影响铁路安全。

×年×月×日×时，地方×勘察设计院未经铁路部门和燃气公司同意，也未签订相关安全协议，无视现场油气管线黄色警示标志，也未确认探挖处所是否存在油气管道的情况下，盲目在铁路安保区内，在油气管道径路上非法进行地质钻探勘察施工，打漏地下燃气管道，影响铁路行车安全。

安全警示

1. 地质勘察施工单位。一是要认真履行安全生产主体责任，严格遵守《中华人民共和国安全生产法》第四十八条“两个以上生产经营单位在同一作业区域内进行生产经营活动，可能危及对方生产安全的，应当签订安全生产管理协议，明确各自的安全生产管理职责和应当采取的安全措施，并指定专职安全生产管理人员进行安全检查与协调”规定。二是要严格遵守《中华人民共和国石油天然气管道保护法》、《铁路安全管理条例》（国务院令第 639 号）等相关法规规定，在邻近铁路营业线和油气管线安全管控区域施工作业时，需提前经铁路和油气企业审批同意并派员现场监护下方可进行，确保施工作业不危及铁路行车安全和油气管线安全。

2. 铁路单位要加强外部环境和设备设施巡查，统筹发挥巡防队伍作用，及时发现和制止铁路两侧 100 米范围内与铁路并行、交会的油气管线径路上违法使用机械挖掘、钻探等施工作业，可能危及管线运营安全的，及时通知管线产权单位进行处置，确保铁路安全。

安全小启示

1. 铁路沿线相关企（事）业单位或个人，特别是易燃易爆生产、加工、存储、经营企业。一是要认真履行安全生产主体责任，严格遵守《中华人民共和国安全生产法》第四十八条“两个以上生产经营单位在同一作业区域内进行生产经营活动，可能危及对方生产安全的，应当签订安全生产管理协议，明确各自的安全生产管理职责和应当采取的安全措施，并指定专职安全生产管理人员进行安全检查与协调”。二是要遵守《铁路安全管理条例》（国务院令第 639 号）第三十三条“在铁路线路两侧建造、设立生产、加工、储存或者销售易燃、易爆或者放射性物品等危险物品的场所、仓库，应当符合国家标准、行业标准规定的安全防护距离”和《高速铁路安全防护管理办法》（交通运输部令 2020 年第 8 号）第十六条“跨越、下穿或者并行高速铁路线路的油气、供气供热、供排水、电力等管线规划、设计、施工应当满足相关国家标准、行业标准及管理规定。施工前应当向铁路运输企业通报，与铁路运输企业协商一致后方可施工，必要时铁路运输企业可以派员进行安全防护。对跨越高速铁路的电力线路，应当采取可靠的防坠落措施”等相关法规规定。三是要加强日常安全管理和巡查管控，制定完善相关应急预案并定期演练，确保生产经营安全。与相关铁路单位建立联系沟通机制，遇突发紧急情况可能影响铁路安全时，及时通报铁路单位采取妥善应急措施，确保铁路行车安全。

2. 属地政府相关主管部门。一是要落实《危险化学品安全管理条例》、《中华人民共和国石油天然气管道保护法》、《铁路安全管理条例》（国务院令第 639 号）、《高速铁路安全防护管理办法》（交通运输部令 2020 年第 8 号）等相关法规规定，严格邻近铁路易燃易爆等危险物品类项目规划审批和日常安全监管。二是要严格落实《国务院办公厅转发交通运输部等单位关于加强铁路沿线安全环境治理工作意见的通知》（国办函〔2021〕49 号）“地方人民政府承担属地治理责任”要求，督促属地政府认真落实“双段长”制，积极整治铁路发现移交安全隐患，强化源头治理，确保铁路安全。

3. 铁路单位。一是要加强外部环境和设备设施巡查，统筹发挥巡防队伍作用，及时发现和处置铁路沿线不符合法律法规相关安全规定的危险物品类隐患，及时报告地方段长联合处置，一时难以整改到位的要采取妥善措施，重难点安全隐患及时报铁路办事处，同时报集团公司专业部和安监室，形成工作合力，共同推进隐患整治，确保铁路安全。二是发现铁路两侧 100 米范围内与铁路并行、交会的油气管线径路上违法挖掘、钻探等可能危及管线运营安全行为时，及时通知管线产权单位和地方段长进行处置，防止因管线发生安全问题而影响铁路行车安全。

4. 铁路单位和属地政府要联合开展铁路安全宣传教育活动，加大铁沿线油气管线、危险品事故案例宣传，提升铁路沿线属地政府、村委会、企（事）业单位和广大群众铁路和油气管线等危险品安全意识，从源头防范邻近铁路非法生产、加工、储存或者销售危险品行为，杜绝邻近铁路和油气管线违法施工的发生，引导鼓励广大人民群众发现和举报相关违法行为，共保铁路运输安全。

第三节　上跨并行类

《铁路外部环境安全管理办法》（铁安监〔2020〕173号）规定：上跨并行类，主要指公跨铁桥梁和公铁并行护栏不达标准、警示标志缺失、违规附挂上跨设备、通行车辆超限超载超速等安全隐患。

案例 1

地方上跨公路桥违规除雪作业撞落防抛网侵限

问题概况

×年×月×日×时×分，×线×站至×站间接触网跳闸。经查，×上跨公路桥除雪作业时，违规向防抛网喷射积雪，将防抛网压塌坠落，搭接接触网造成跳闸。经供电部门处理后恢复，影响列车3列。现场情况如图12所示。

图 12

问题原因

由于地方公路管理单位在上跨×线公路桥上除雪时违规操作，向防抛网喷射积雪，导致防抛网被压塌，搭接在接触网上，造成跳闸。

×年×月×日×时，地方×高速公路集团公司在上跨×铁路的公路桥上，使用除雪车进行除雪作业时，违规将大量积雪喷射到防抛网上，防抛网在受喷雪侧向冲力和积雪负重综合影响下坍塌坠落，搭接接触网造成跳闸。

安全警示

1. 地方公路单位。一是要认真履行安全生产主体责任，严格遵守《中华人民共和国安全生产法》第四十八条“两个以上生产经营单位在同一作业区域内进行生产经营活动，可能危及对方生产安全的，应当签订安全生产管理协议，明确各自的安全生产管理职责和应当采取的安全措施，并指定专职安全生产管理人员进行安全检查与协调”的规定。二是要严格落实《铁路安全管理条例》第三十条“在铁路线路安全保护区内建造建筑物、构筑物等设施，取土、挖砂、挖沟、采空作业或者堆放、悬挂物品，应当征得铁路运输企业同意并签订安全协议，遵守保证铁路安全的国家标准、行业标准和施工安全规范，采取措施防止影响铁路运输安全”等相关规定。在上跨下穿等与铁路交叉区域和邻近铁路线路安全保护区域施工作业时，需提前报经铁路运输企业同意，属邻近营业线施工的要依规审批，与铁路相关单位签订安全协议并落实施工过程安全监护，遇突发紧急情况及时向铁路通报，采取妥善应急措施，确保铁路行车安全。

2. 属地公路管理部门要落实《中华人民共和国道路交通安全法》、《铁路安全管理条例》（国务院令第639号）等相关规定，严格规范铁路线路安全保护区内特别是上跨下穿公路的施工作业项目审批，加强安全监管，防范和制止违法施工等行为，加强源头控制，确保铁路安全。

3. 铁路单位要与地方上跨桥产权单位签订安全协议，明确铁路安全注意事项和要求，建立信息沟通机制，确保铁路安全。

案例 2

社会人员违章驾驶汽车冲入铁路护网侵限

问题概况

×年×月×日×时×分，×列车行至×线×线路所至×站间上行线×处时，司机反映下行线×处护网内有明火，影响下行线行车，调度员立即扣停后续列车。经工务部门确认为社会人员违章驾驶一辆小汽车由西向东行驶冲入铁路护网侵限并起火。经地方消防部门灭火，工务部门处理后恢复，影响列车 3 列。现场情况如图 13 所示。

问题原因

由于社会人员违章驾驶小汽车冲入铁路护网侵限所致。

事发地点位于铁路上线通道门处，通道门为 1. 8 米高的金属栅栏门，两侧采用 1. 8 米水泥护网封闭，上部加装刺丝滚笼，通道门与一条长 200 米、宽 5. 8 米的土路贯通，土路与地方公路相通。事发时，社会人员违章驾驶小汽车由西向东从

图 13

地方公路驶入土路，撞倒通道门冲入铁路护网并起火，停车后车头距钢轨 0.7 米，门扇被撞到两线间，水泥护网 1 片倒塌，2 片损坏。

安全警示

1. 汽车驾驶员要严格遵守《中华人民共和国道路交通安全法》《铁路法》等相关法规规定，严格遵守《铁路安全管理条例》第七条“禁止扰乱铁路建设、运输秩序。禁止损坏或者非法占用铁路设施设备、铁路标志和铁路用地”、第三十二条“在铁路线路安全保护区及其邻近区域建造或者设置的建筑物、构筑物、设备等，不得进入国家规定的铁路建筑限界”等相关法规规定，禁止违法驾驶机动车进入铁路线路封闭区域，危及铁路安全。

2. 属地交通部门或公路管理单位要严格遵守《中华人民

共和国道路交通安全法》和《铁路安全管理条例》（国务院令第639号）第四十四条“铁路线路安全保护区内的道路和铁路线路路堑上的道路、跨越铁路线路的道路桥梁，应当按照国家有关规定设置防止车辆以及其他物体进入、坠入铁路线路的安全防护设施和警示标志，并由道路管理部门或者道路经营企业维护、管理”等规定，强化铁路线路安全保护区内的道路安全管理，加强道路安全检查和宣传，确保铁路行车安全。

3. 铁路单位要加强铁路沿线公铁并行路段和垂直通向铁路的地方断头道路的安全管理和隐患治理，并行路段规范埋设公铁并行防护桩，对断头路采取彻底封堵措施，并按规定埋设警示标志，确保铁路安全。

案例 3

地方通信线缆垂落侵限封连轨道电路

问题概况

×年×月×日×时×分，×线×站内，×铁路单位巡视发现上行正线×号道岔处×号至×号支柱间接触网上挂一根光缆（长 40 米，直径 0.95 毫米）。上方为×公路桥，产权单位为×交通运输局。线缆拖地（Ⅱ道两钢轨间和钢轨上），×站上行Ⅱ道与下行Ⅰ道间地面上、Ⅱ道两钢轨间、上行Ⅱ道与 4 道间地面上共散落有 3 处光缆（总长 40 米）。经供电部门处理，15 时 13 分恢复行车。现场情况如图 14 所示。

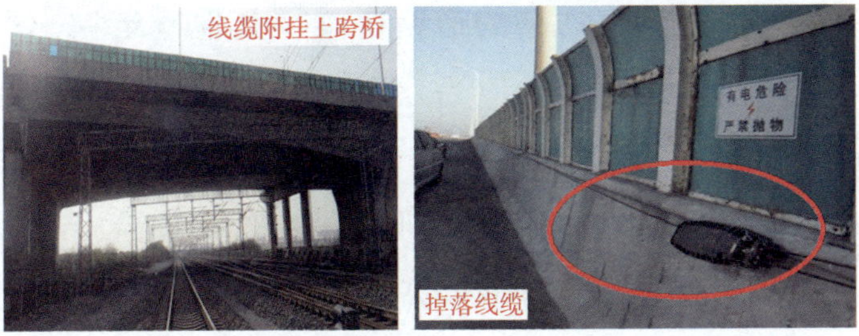

图 14

问题原因

由于地方通信公司在上跨铁路桥线缆管护不到位，线缆垂落搭接接触网并封连轨道电路所致。

经查，事发公路桥是一座公跨铁立交桥，公路桥防抛屏内侧（公路侧）通信线缆（长 40 米，直径 0.95 毫米）落至桥下方（距桥边缘 1 米），一端搭挂在铁路上行接触网上，另一端垂落至下方钢轨上。产权及养护单位为×交通运输局，上跨桥桥梁两侧均有防抛屏，防抛屏高 1.6 米，侧长 60 米。

安全警示

一是铁路沿线上跨线缆的地方通信单位，严格遵守《中华人民共和国安全生产法》认真履行安全生产主体责任和第四十八条“两个以上生产经营单位在同一作业区域内进行生产经营活动，可能危及对方生产安全的，应当签订安全生产管理协议，明确各自的安全生产管理职责和应当采取的安全措施，并指定专职安全生产管理人员进行安全检查与协调”，严格遵守《高速铁路安全防护管理办法》（交通运输部令 2020 年第 8 号）第十四条“上跨高速铁路的道路桥梁及其他建筑物、构筑物的管理部门或者经营企业应当建立定期检查及维护机制，定期检查道路桥梁及其他建筑物、构筑物，以及相关的安全防护设施、警示标志，加强风险研判，采取有效措施，防止道路桥梁构筑物、附着物等坠入高速铁路线路”等相关法规规定，强化各类上跨铁路线缆安全管理，及时消除安全隐患，确保铁路安全。

二是公路单位要严格遵守《中华人民共和国安全生产法》、《铁路法》、《铁路安全管理条例》（国务院令第 639 号）等法规规定，履行上跨公路桥梁安全生产主体责任，加强对附挂上跨公路桥梁上各类设备设施安全监管，发现安全隐患及时通报产权单位整治，确保铁路安全。

三是属地相关主管部门要落实《中华人民共和国安全生产法》、《铁路法》、《铁路安全管理条例》（国务院令第 639 号）、《高速铁路安全防护管理办法》（交通运输部令 2020 年第 8 号）等相关法规规定，严格规范上跨或邻近铁路新建线缆等项目审批并加强安全监管，制止违规建设，规范既有设施安全管理，加强源头控制，确保铁路安全。

四是铁路相关单位要加强外部环境和设备设施巡查，统筹发挥巡防队伍作用，及时发现违规在建或新建上跨或邻近铁路线缆等设备设施，或既有线缆等可能危及铁路安全的风险隐患，及时通知产权单位或“地方段长”协调整治，确保铁路行车安全。

案例 4

上跨桥大货车违法驾驶坠落侵限

问题概况

×年×月×日×时×分，×线×站至×站间下行线×处上跨铁路的公路桥上，一辆装载水泥的大货车冲破桥梁防护栏杆，坠入桥下侵限。经采取封锁下行线、接触网停电、起复汽车等救援措施后恢复行车，中断行车 5 小时 38 分钟，影响客车 2 列、货车 20 列。现场情况如图 15 所示。

图 15

问题原因

由于机动车驾驶员在上跨铁路桥上违法超速驾驶，造成重载大货车失控，撞坏桥梁栏杆，坠落桥下侵入安全限界所致。

安全警示

1. 机动车驾驶员要严格遵守《中华人民共和国道路交通安全法》、《铁路安全管理条例》（国务院令第639号）等相关法规规定，依照限速、限载等警示标志文明驾驶，杜绝超速、超载、疲劳等违章驾驶行为。

2. 公路管理单位要严格遵守《铁路安全管理条例》（国务院令第639号）第四十四条“铁路线路安全保护区内的道路和铁路线路路堑上方的道路、跨越铁路线路的道路桥梁，应当按照国家有关规定设置防止车辆以及其他物体进入、坠入铁路线路的安全防护设施和警示标志，并由道路管理部门或者道路经营企业维护、管理”等规定，在上跨铁路桥梁两侧应规范安设限速、限宽、限重警示标志，加强重点线路巡查并治理交通安全违法行为，强化上跨公路桥梁安全管理，确保铁路安全。

3. 铁路单位要与上跨公路桥产权单位建立信息沟通机制，签订安全协议，明确责任义务和安全要求，督促产权或管理单位依法依规落实安全防护措施。要加强外部环境和设备设施巡查，统筹发挥巡防队伍作用，及时发现上跨桥梁自身或通行等安全隐患问题，通知桥梁产权单位或维管单位进行治理，确保铁路安全。

案例 5

水泥罐车冲上线路影响列车

问题概况

×年×月×日×时×分，在与×铁路并行的×国道上，一辆水泥罐车和一辆小型货车发生碰撞后，水泥罐车失控撞坏公铁并行防护桩及铁路护网冲上铁路下行线。经地方应急救援和工务抢修后，开通线路，中断下行线行车 1 小时 50 分钟，影响列车正常运行。现场情况如图 16 所示。

图 16

问题原因

由于汽车驾驶员在×国道上违法驾驶，导致两辆货车碰撞，发生道路交通事故，水泥罐车失控状态下，撞坏公路边公铁并行防护桩及铁路护网后，冲上铁路线路所致。

安全警示

1. 机动车驾驶员要严格遵守《中华人民共和国道路交通安全法》、《铁路安全管理条例》（国务院令第639号）等相关法规规定，依照限速等警示标志正常行驶，杜绝疲劳和超速驾驶。

2. 公路管理单位要严格遵守《中华人民共和国安全生产法》的相关规定，认真履行安全生产主体责任，严格遵守《铁路安全管理条例》（国务院令第639号）第四十四条“铁路线路安全保护区内的道路和铁路线路路堑上的道路、跨越铁路线路的道路桥梁，应当按照国家有关规定设置防止车辆以及其他物体进入、坠入铁路线路的安全防护设施和警示标志，并由道路管理部门或者道路经营企业维护、管理”等规定，依规规范设置限速、限宽、限载等警示标志，按标准设置并行铁路地段的安防设备设施，确保不危及铁路安全。

3. 公安交通管理部门要加大对超速、超载、疲劳驾驶、酒驾醉驾等违法行为的执法打击力度，营造安全有序的道路行车环境。

4. 铁路部门要加强外部环境和设备设施巡查，统筹发挥巡防队伍作用，加大公铁并行地段巡查力度，加强公铁并行防护桩的巡视检查，督促产权单位规范埋设和维护管理，确保铁路安全。

案例 6

社会人员违章驾驶车辆失控碰落防抛屏侵限

问题概况

×年×月×日×时，×线×线路所至×站间下行线，司机报告该区间上行线×处两线间有异物侵限（上跨铁路的高速公路桥防抛屏，长 1.7 米，宽 0.5 米，厚度 0.08 米，重 6 千克），影响行车，调度员立即扣停后续列车。经工务部门紧急处置后开通线路，影响货车 2 列。现场情况如图 17 所示。

图 17

问题原因

由于汽车驾驶员违法驾驶，刮碰高速公路防抛屏，坠落侵限所致。

事发时上跨铁路的高速公路上跨桥上，一辆重型货车由北向南行驶过程中，汽车驾驶员违法驾驶，汽车偏离车道，与行驶方向左侧的防抛屏发生刮碰，防抛屏损坏 13 块，其中 1 块掉落至铁路线路两线间，侵入上行线影响列车。

安全警示

1. 机动车驾驶员要严格遵守《中华人民共和国道路交通安全法》、《铁路安全管理条例》（国务院令第 639 号）等相关法规规定，依照限速等警示标志正常行驶，杜绝疲劳和超速驾驶。

2. 公路管理单位要严格遵守《中华人民共和国安全生产法》认真履行安全生产主体责任和第四十八条“两个以上生产经营单位在同一作业区域内进行生产经营活动，可能危及对方生产安全的，应当签订安全生产管理协议，明确各自的安全生产管理职责和应当采取的安全措施，并指定专职安全生产管理人员进行安全检查与协调”规定，严格遵守《铁路安全管理条例》（国务院令第 639 号）第四十四条“铁路线路安全保护区内的道路和铁路线路路堑上的道路、跨越铁路线路的道路桥梁，应当按照国家有关规定设置防止车辆以及其他物体进入、坠入铁路线路的安全防护设施和警示标志，并由道路管理部门或者道路经营企业维护、管理”等规定，依规规范设置限速、限宽、限载等警示标志，按标准设置上跨桥梁间缝隙防坠落铁路线路的安防设施，确保不危及铁路安全。

3. 公安交通管理部门要加大对超速、超载、疲劳驾驶、酒驾醉驾等违法行为的执法打击力度，营造安全有序的道路行车环境。

4. 铁路单位要与上跨公路桥梁产权单位建立信息沟通机制，签订安全协议，明确安全要求和责任义务，加强日常巡查，及时发现桥梁间缝隙可能坠落异物危及铁路安全的隐患，协调督促公路交通部门做好相关安防设施的补强，确保铁路安全。

案例 7

上跨铁路桥施工遗留模板掉落道心侵限

问题概况

×年×月×日×时×分，×线×次旅客列车×站 6 道开车后，司机反映道心内有木板影响行车，×时×分停车（停于站内 6 道）处理后开车，影响本列。现场情况如图 18 所示。

图 18

问题原因

由于上跨铁路的公路单位在建设立交桥梁时，湿接缝施工作业未按要求将施工模板（长 2 450 毫米×宽 200 毫米×厚 8 毫米）拆除，长期遗留在桥梁底面。事发当日，其中一块遗留模板在重力和大风等综合因素作用下，脱落掉至道心侵限。

安全警示

1. 上跨铁路的公路管理单位。一是要严格遵守《中华人民共和国安全生产法》认真履行安全生产主体责任和第四十八条“两个以上生产经营单位在同一作业区域内进行生产经营活动，可能危及对方生产安全的，应当签订安全生产管理协议，明确各自的安全生产管理职责和应当采取的安全措施，并指定专职安全生产管理人员进行安全检查与协调”规定，加强上跨铁路公路桥梁安全管理，规范设置防抛和防坠入线路等安防设施，及时消除安全隐患。与铁路相关单位签订安全协议，及时整改铁路发现报告隐患问题，遇突发紧急情况及时通报铁路采取妥善措施，确保铁路安全。二是要严格上跨桥施工安全，按规定办理相关施工审批手续，严格竣工验收和清场管理，消除安全隐患。

2. 铁路单位。一是要与上跨公路桥梁产权单位建立信息沟通机制，签订安全协议，明确安全要求和责任义务，督促规范设置防抛和防坠入线路等安防设施，及时消除安全隐患。二是要加强外部环境和设备设施巡查，统筹发挥巡防队伍作用，及时发现隐患并通知和督促产权单位处理。

安全小启示

1. 上跨下穿铁路及与铁路并行的各公路单位，各供电、供水、供气、供热单位，各通信单位。一是要认真履行安全生产主体责任，严格遵守《中华人民共和国安全生产法》第四十八条“两个以上生产经营单位在同一作业区域内进行生产经营活动，可能危及对方生产安全的，应当签订安全生产管理协议，明确各自的安全生产管理职责和应当采取的安全措施，并指定专职安全生产管理人员进行安全检查与协调”相关要求。二是要严格遵守《铁路安全管理条例》第三十条“在铁路线路安全保护区内建造建筑物、构筑物等设施，取土、挖砂、挖沟、采空作业或者堆放、悬挂物品，应当征得铁路运输企业同意并签订安全协议，遵守保证铁路安全的国家标准、行业标准和施工安全规范，采取措施防止影响铁路运输安全”、第七条“禁止扰乱铁路建设、运输秩序。禁止损坏或者非法占用铁路设施设备、铁路标志和铁路用地”、第三十二条“在铁路线路安全保护区及其邻近区域建造或者设置的建筑物、构筑物、设备等，不得进入国家规定的铁路建筑限界”的规定。三是要严格遵守《高速铁路安全防护管理办法》（交通运输部令 2020 年第 8 号）第十四条“上跨高速铁路的道路桥梁及其他建筑物、构筑物的管理部门或者经营企业应当建立定期检查及维护机制，定期检查道路桥梁及其他建筑物、构筑物，以及相关的安全防护设施、警示标志，加强风险研判，采取有效措施，防止道路桥梁构筑物、附着物等坠入高速铁路线路”的规定和第十六条“跨越、下穿或者并行高速铁路线路的油气、供气供热、供排水、电力等管线规划、设计、施工应当满足相关国家标准、行业标准及管理规定。施工前应当向铁路运输企业通报，与铁路运输企业协商一致后方可施工，必要时铁路运输企业可以派员进行安全防护。对跨越高速铁路的电力线路，应当采取可靠的防坠落措施”等法律法规相关规定，加强相关设备设施安全管理，规范设置或补强防抛和防坠入铁路线路等安防设施，及时消除可能危及铁路安全的各类隐患。四是要严格遵守《国铁集团铁路营业线施工管理办法》（铁调〔2021〕160 号）关于在上跨下穿等公路铁路交叉区域和邻近铁路线路安全保护区域施工作业时，需提前报经铁路运输企业同意，属邻近营业线施工的要依规报批，遇突发紧急情况及时通报铁路部门采取妥善措施，确保铁路安全。

2. 属地政府主管部门要严格遵守《中华人民共和国道路交通安全法》、《铁路安全管理条例》（国务院令第 639 号）、《高速铁路安全防护管理办法》（交通运输部令 2020 年第 8 号）等相关法规规定，严格依规审批上跨下穿并行铁路或邻近铁路建设项目，指导督促规范设置标志标识，强化公铁并行和上跨下穿、上跨线缆等安防设施建设，加大对各类违法行为的执法和打击力度。严格落实《国务院办公厅转发交通运输部等单位关于加强铁路沿线安全环境治理工作意见的通知》（国办函

〔2021〕49号）“地方人民政府承担属地治理责任”要求，认真落实“双段长”制，积极整治铁路沿线各类安全隐患和铁路单位移交的安全问题，强化源头治理，确保铁路安全。

3. 铁路单位。一是要与上跨下穿铁路、公铁并行或邻近铁路设备设施等相关单位建立信息沟通机制，签订安全协议，明确安全要求和责任义务，加强日常巡查，及时发现各类安全隐患，及时报告产权单位或属地政府相关部门推进整改，确保铁路安全。二是要加强外部环境和设备设施巡查，统筹发挥巡防队伍作用，及时发现和处置上跨下穿或与铁路邻近的各类违法施工作业和安全隐患，对不听劝阻的要及时报告铁路公安和属地政府，加强执法，确保铁路安全。

4. 铁路单位和属地政府要联合开展铁路安全宣传教育活动，加大铁路沿线公铁并行和上跨桥、上跨线缆等危及铁路安全案例宣传，提升铁路沿线属地政府、村委会、企事业单位和广大人民群众铁路安全意识，从源头减少违章驾驶、违法附挂、违法施工等行为，引导和鼓励广大人民群众发现举报相关违法行为，营造全社会共保铁路运输安全的良好氛围。

第四节　河道桥梁类

《铁路外部环境安全管理办法》（铁安监〔2020〕173 号）规定：河道桥梁类，主要指在铁路桥梁跨越河道上下游禁止区违法进行采砂淘金、疏浚作业、围垦造田、拦河筑坝、架设浮桥或者修建其他影响铁路桥梁安全设施以及桥区航标未按规定设置等安全隐患。

案例

社会人员非法挖砂影响铁路桥梁基础安全

问题概况

×年×月×日，×线跨越×河排洪桥下，社会人员长期违法采砂，铁路桥下河道砂坑深度达 15 米，造成 30、31、32、36、37 号桥墩承台裸露，严重影响桥梁基础稳定，威胁铁路行车安全。现场情况如图 19 所示。

图 19

问题原因

由于事发河道地处两个县交界处，社会人员躲避政府监管，长期在河道内非法大量盗采河砂，河道内可见多处被挖开的大坑，最深处达 20 多米，铁路跨河大桥桥墩基座附近也被挖出多个深坑，造成桥墩承台裸露，影响桥梁基础稳定。

安全警示

1. 铁路沿线县级以上地方人民政府水行政主管部门、国土资源主管部门及河道管理部门。一是要严格遵守《铁路安全管理条例》（国务院令第 639 号）第三十八条“禁止在铁路桥梁跨越处河道上下游的下列范围内采砂、淘金：（一）跨河桥长 500 米以上的铁路桥梁，河道上游 500 米，下游 3 000 米；（二）跨河桥长 100 米以上不足 500 米的铁路桥梁，河道上游 500 米，下游 2 000 米；（三）跨河桥长不足 100 米的铁路桥梁，河道上游 500 米，下游 1 000 米”等相关法规规定，打击违法采砂，确保铁路安全。二是要按照《铁路安全管理条例》（国务院令第639号）第三十八条“按照各自职责划定禁采区域、设置禁采标志，制止非法采砂、淘金行为”和严格按照《中华人民共和国河道管理条例》第四十四条规定，对未经批准或者不按照河道主管机关的规定在河道管理范围内采砂行为，责令纠正并采取补救措施，构成犯罪的依法追究刑事责任，依法严厉打击非法采砂行为，确保铁路桥梁安全。

2. 铁路单位要与河道管理单位建立信息沟通机制，要加强外部环境和设备设施巡查，统筹发挥巡防队伍作用，加强铁路桥梁跨越处河道安全管控范围内巡查，及时发现违法采砂危及铁路安全行为，报告属地政府相关部门督促整治，确保铁路安全。

安全小启示

1. 铁路沿线河道管理单位要严格遵守《中华人民共和国安全生产法》认真履行安全生产主体责任和第四十八条“两个以上生产经营单位在同一作业区域内进行生产经营活动，可能危及对方生产安全的，应当签订安全生产管理协议，明确各自的安全生产管理职责和应当采取的安全措施，并指定专职安全生产管理人员进行安全检查与协调”，严格遵守《铁路安全管理条例》（国务院令第639号）第三十七条“任何单位和个人不得擅自在铁路桥梁跨越处河道上下游各1 000米范围内围垦造田、拦河筑坝、架设浮桥或者修建其他影响铁路桥梁安全的设施”，第三十八条“禁止在铁路桥梁跨越处河道上下游的下列范围内采砂、淘金：（一）跨河桥长500米以上的铁路桥梁，河道上游500米，下游3 000米；（二）跨河桥长100米以上不足500米的铁路桥梁，河道上游500米，下游2 000米；（三）跨河桥长不足100米的铁路桥梁，河道上游500米，下游1 000米”，第三十九条“在铁路桥梁跨越处河道上下游各500米范围内进行疏浚作业，应当进行安全技术评价，有关河道、航道管理部门应当征求铁路运输企业的意见，确认安全或者采取安全技术措施后，方可批准进行疏浚作业”等相关法规规定，在铁路安全保护区域施工作业时，须提前征得铁路运输企业同意，属邻近营业线施工的要按照《国铁集团铁路营业线施工管理办法》（铁调〔2021〕160号）报批，与铁路相关单位签订安全协议并严格按方案实施，杜绝违法采砂，与铁路相关单位建立联系沟通机制，遇突发情况及时通报铁路采取妥善应急措施，确保铁路行车安全。

2. 属地政府水行政主管部门、国土资源主管部门应当按照《铁路安全管理条例》（国务院令第639号）第三十八条“按照各自职责划定禁采区域、设置禁采标志，制止非法采砂、淘金行为”规定和《中华人民共和国河道管理条例》第四十四条规定，对未经批准或者不按照河道主管机关的规定在河道管理范围内采砂、取土、淘金、弃置砂石等违法行为，责令纠正并采取补救措施，构成犯罪的依法追究刑事责任，依法严厉打击违法采砂行为，严格铁路安全管控区域施工项目审批和安全监管，指导督促法规规定范围内围垦造田、拦河筑坝、架设浮桥、疏浚作业等建设施工报铁路运输企业同意并签订安全协议，落实现场安全监护，确保铁路安全。

3. 属地政府要落实《铁路安全管理条例》（国务院令第639号）第四条“落实护路联防责任制，防范和制止危及铁路安全的行为，协调和处理保障铁路安全的有关事项，做好保障铁路安全的有关工作”和《国务院办公厅转发交通运输部等单位关于加强铁路沿线安全环境治理工作意见的通知》（国办函〔2021〕49号）“地方人民政府承担属地治理责任”等相关规定，依法加大违法采砂行为治理，加强源头控制，确保铁路安全。

4. 铁路单位要与河道管理单位建立信息沟通机制，要加强外部环境和设备设施巡查，统筹发挥巡防队伍作用，加强铁路桥梁跨越处河道安全管控范围内巡查，及时发现违法采砂、淘金或围垦造田、拦河筑坝、架设浮桥、疏浚作业等影响铁路桥梁安全行为，及时报告协调属地政府相关部门整治，确保铁路安全。

5. 铁路单位和属地政府要联合开展铁路安全宣传教育活动，加大违法采砂和铁路安全等案例宣传，提升铁路沿线属地政府、村委会、企（事）业单位和广大群众知法守法和铁路安全意识，从源头减少违法采砂行为。引导鼓励广大群众发现举报相关违法行为，全社会共保铁路运输安全。

第五节　违建违占类

《铁路外部环境安全管理办法》（铁安监〔2020〕173 号）规定：违建违占类，主要指在铁路线路安全保护区内违法建筑房屋设施、违法占地、违法经营等安全隐患。

案例 1

违法在铁路安全保护区内建设彩钢大棚

问题概况

×年×月×日，×城际刚开通运营半年，×段巡视人员发现，×处线路下行侧铁路线路安全保护区内有人正在违法搭建彩钢大棚（规模为长 30 米×宽 20 米×高 7.8 米，该处桥高 15.4 米、安全保护区为 10 米），既侵占铁路安全保护区，又存在严重安全隐患。现场情况如图 20 所示。

图 20

问题原因

由于当地村民非法在铁路线路安全保护区内建设彩钢大棚所致。

经查，在×城际建设时，由于当地村民该处原有建筑物位于新建铁路安全保护区内，建设方按相关规定予以补偿后进行了拆除，且约定以后不再复建。但当地村民受利益驱使，违反《铁路安全管理条例》（国务院令第 639 号）第三十条相关规定，在未征得铁路运输企业同意的情况下，擅自在铁路线路安全保护区内建设彩钢棚，既侵占安保区，又严重影响铁路安全。最终铁路监督管理部门在属地政府配合下采取行政执法措施，将铁路线路安全保护区内违法建筑全部拆除。

安全警示

1. 铁路沿线单位或个人要严格遵守《铁路安全管理条例》（国务院令第 639 号）第七条“禁止扰乱铁路建设、运输秩序。禁止损坏或者非法占用铁路设施设备、铁路标志和铁路用地”、第三十条“在铁路线路安全保护区内建造建筑物、构筑物等设施，取土、挖砂、挖沟、采空作业或者堆放、悬挂物品，应当征得铁路运输企业同意并签订安全协议，遵守保证铁路安全的国家标准、行业标准和施工安全规范，采取措施防止影响铁路运输安全”，依法依规审批建设的各类建（构）筑物，铁路线路安全保护区内的应当征得铁路运输企业同意，签订安全协议并现场安全监护施工，确保项目依法合规不危及铁路安全。

2. 属地政府。一是政府规划部门要严格遵守《中华人民共和国城乡规划法》相关规定，严格依法依规审批建设项目，督促乡镇人民政府限期改正在乡村规划区内未依法取得乡村建设规划许可证或者未按照乡村建设规划许可证的规定建设的违章建筑，对于无法改正或拒不执行的违章建筑，由相关部门进行强制拆除，强化源头治理，减少违建问题的发生。二是属地政府要严格遵守《铁路安全管理条例》（国务院令第639号）第四条“铁路沿线地方各级人民政府和县级以上地方人民政府有关部门应当按照各自职责，加强保障铁路安全的教育，落实护路联防责任制，防范和制止危害铁路安全的行为，协调和处理保障铁路安全的有关事项，做好保障铁路安全的有关工作”和《国务院办公厅转发交通运输部等单位关于加强铁路沿线安全环境治理工作意见的通知》（国办函〔2021〕49号）“地方人民政府承担属地治理责任”等相关规定，严格依法加强铁路线路安全保护区违建治理，减少违建问题引发影响铁路安全问题的发生。

3. 铁路单位要充分发挥巡防队伍作用，全面加强铁路线路安全保护区的安全管控，及时发现和制止违法在铁路线路安全保护区内进行的违章建设苗头性、倾向性行为，对不听劝阻的要及时向铁路公安和地方政府报告，坚决将违章建设遏制在初发期。重难点安全隐患及时向铁路办事处和集团公司报告，合力推动整治，及时消除隐患。

案例 2

地方电力公司违规在铁路安全保护区内建控制柜

问题概况

×年×月×日，×铁路单位外部环境巡查发现，×高铁×处下行侧，地方×电力公司违规在铁路线路安全保护区内（距离线路 5 米）新建一处光伏发电控制柜，规模为长 100 米、宽 3 米、高 2.5 米，存在火灾隐患，对高铁运行安全构成严重威胁。现场情况如图 21 所示。

图 21

问题原因

由于地方电力公司在铁路线路安全保护区内违法建设所致。

经查，地方×电力公司违反《铁路安全管理条例》（国务院令第 639 号）规定，在未征得铁路运输企业同意并签订安全协议的情况下，擅自占压铁路线路安全保护区新建一处长 100 米、宽 3 米、高 2. 5 米的光伏发电控制柜，直接威胁铁路运输安全。最终在检察机关向电力公司下发检察建议并强力组织推动下，该地方电力公司才自行组织拆除了相关设备。

安全警示

1. 地方各企事业单位要严格遵守《中华人民共和国安全生产法》认真履行安全生产主体责任，严格遵守《铁路安全管理条例》（国务院令第 639 号）第三十条“在铁路线路安全保护区内建造建筑物、构筑物等设施，取土、挖砂、挖沟、采空作业或者堆放、悬挂物品，应当征得铁路运输企业同意并签订安全协议，遵守保证铁路安全的国家标准、行业标准和施工安全规范，采取措施防止影响铁路运输安全”等相关法规规定。在铁路线路安全保护区内建设建构筑物的需经铁路运输企业同意，杜绝违法施工、野蛮施工，确保铁路安全。

2. 属地政府主管部门要严格遵守《铁路安全管理条例》（国务院令第 639 号）相关规定，严格依法依规审批铁路沿线建设项目，加强安全监管，严禁铁路沿线违法施工和违规建设，强化源头治理，减少违建问题的产生。

3. 铁路单位要充分发挥巡防队伍作用，及时发现和制止在铁路线路安全保护区内违法施工和违法建设。重难点安全隐患及时向铁路办事处和集团公司报告，合力推动整治，及时消除隐患。

案例 3

承租人违规在铁路用地上建房出租经营

问题概况

自×年×月，×铁路环线×东侧，×承租人租用×路立交桥东北角铁路用地，承租人违反法律法规和租赁合同约定，擅自建设 9 栋 2 层的砖混楼房作为宿舍出租经营。该处违法建设总占地面积 5 200 多平方米，其中占用铁路用地面积 4 400 多平方米，占用地方用地 800 多平方米。该处违建租住人员众多，没有消防通道和足够的消防设施，存在严重的消防安全隐患，也时刻威胁铁路行车安全。现场情况如图 22 所示。

图 22

问题原因

由于承租人在铁路用地上违法建设和违法经营所致。

承租人违反《铁路法》、《铁路安全管理条例》（国务院令第639号）及《中华人民共和国城乡规划法》等法律法规相关规定和租赁合同约定，在租用的铁路用地上违法建楼出租经营，是导致问题的直接原因。最终，经属地政府履行违法建设各项认定程序，劝退租住人员后，进行行政执法予以拆除。

安全警示

1. 承租人要严格按照《铁路安全管理条例》（国务院令第639号）第三十条“在铁路线路安全保护区内建造建筑物、构筑物等设施，取土、挖砂、挖沟、采空作业或者堆放、悬挂物品，应当征得铁路运输企业同意并签订安全协议，遵守保证铁路安全的国家标准、行业标准和施工安全规范，采取措施防止影响铁路运输安全”等相关法规规定，严禁违法占地、违法建设、违法经营等行为，存在违法行为的责任人要主动整改并承担相关法律责任。

2. 属地政府规划主管部门要严格遵守《中华人民共和国城乡规划法》相关规定，严格依法依规审批建设项目，督促乡镇人民政府限期改正在乡村规划区内未依法取得乡村建设规划许可证或者未按照乡村建设规划许可证的规定建设的违章建筑，对于无法改正或拒不执行的违章建筑，由相关部门进行强制拆除，强化源头治理，减少违建问题的发生。

3. 铁路单位要落实好铁路用地管理责任，强化铁路用地出租监管，严禁在铁路用地和铁路线路安全保护区内建设违法建设和违法经营，及时发现和制止违法建设和违法经营苗头性、倾向性问题，坚决将隐患问题遏制在萌芽初期。精准掌握铁路用地边界、铁路线路安全保护区范围和相关法律法规，加强日常排查巡查，发现违建违占行为立即制止，并向地方政府报告。重难点安全隐患及时向铁路办事处和集团公司报告，合力推动整治，及时消除隐患。

安全小启示

1. 铁路沿线企事业单位或个人要严格按照《铁路法》第三十七条“已经取得使用权的铁路建设用地，应当依照批准的用途使用，不得擅自改作他用；其他单位或者个人不得侵占”和《铁路安全管理条例》（国务院令第 639 号）第七条“禁止扰乱铁路建设、运输秩序。禁止损坏或者非法占用铁路设施设备、铁路标志和铁路用地”、第三十条“在铁路线路安全保护区内建造建筑物、构筑物等设施，取土、挖砂、挖沟、采空作业或者堆放、悬挂物品，应当征得铁路运输企业同意并签订安全协议，遵守保证铁路安全的国家标准、行业标准和施工安全规范，采取措施防止影响铁路运输安全”等相关法规规定，严禁侵占铁路用地和铁路线路安全保护区进行违法建设、违法占地、违法经营，存在违法行为的责任人要主动整改并承担相关法律责任。

2. 县级以上地方人民政府土地管理部门严格落实《铁路法》要求，对侵占铁路建设用地的，责令停止侵占、赔偿损失。属地政府要落实《国务院办公厅转发交通运输部等单位关于加强铁路沿线安全环境治理工作意见的通知》（国办函〔2021〕49号）“承担属地治理责任”要求，统一协调做好本地区铁路沿线安全环境治理工作。

3. 铁路建设单位要严格落实《铁路安全管理条例》（国务院令第639号）第三十一条“铁路线路安全保护区内既有的建筑物、构筑物危及铁路运输安全的，应当采取必要的安全防护措施；采取安全防护措施后仍不能保证安全的，依照有关法律的规定拆除。拆除铁路线路安全保护区内的建筑物、构筑物，清理铁路线路安全保护区内的植物，或者对他人在铁路线路安全保护区内已依法取得的采矿权等合法权利予以限制，给他人造成损失的，应当依法给予补偿或者采取必要的补救措施。但是，拆除非法建设的建筑物、构筑物的除外”等相关法规规定，全面做好新建铁路项目铁路用地内和铁路线路安全保护区内违法建筑房屋设施、违法占地、违法经营等隐患治理，确保新线环境安全高质量开通。

4. 铁路单位要落实好铁路用地管理责任，强化铁路用地出租管理，严禁承租人员在铁路用地建设违法建设和合同外经营，加强安全监管，及时发现和制止苗头性、倾向性问题，严防违法行为后果扩大。要精准掌握铁路用地范围，熟练掌握相关法律法规条款，加强日常排查巡查，确保及时发现和制止违建违占行为，重难点问题及时向集团公司报告，依法履行告知、通报程序，留存好相关原始证据和影像资料。

5. 铁路单位要统筹巡防队伍力量加强巡查，及时发现并依法制止铁路用地或铁路线路安全保护区内违建违占行为，重难点隐患要密切追踪治理进展，积极协调县乡两级“地方段长”推动整治，坚决将违建隐患遏制在萌芽初期。重难点安全隐患及时向铁路办事处和集团公司报告，合力推动整治，及时消除隐患。

6. 铁路单位和属地政府要联合开展铁路安全宣传教育活动，加大铁路沿线违建违占危及铁路安全案例宣传，提升铁路沿线属地政府、村委会、企（事）业单位和广大人民群众铁路安全意识，从源头减少违法建筑房屋设施、违法占地、违法经营等安全隐患，引导鼓励广大群众发现举报相关违法行为，营造全社会共保铁路运输安全的良好氛围。

第六节 堆放隐患类

《铁路外部环境安全管理办法》（铁安监〔2020〕173 号）规定：堆放隐患类，主要指在铁路线路两侧堆放杂物、材料、设备、弃土弃渣以及向铁路线路安全保护区倾倒垃圾和排污等安全隐患。

案例 1

高架车站桥下堆放易燃物被烟头引燃影响行车

问题概况

×年×月×日×时×分，×次动车组在×站停车办客时，车上旅客下车吸烟将未熄灭的烟头随意丢弃，烟头通过桥梁缝隙掉入车站桥下×单位露天存放的材料上，引燃易燃物，烧损高架桥上电缆槽内的通信光缆 5 条、信号电缆 36 条，造成

×站全站轨道电路红光带，中断行车，造成110多列动车组晚点。现场情况如图23所示。

图 23

问题原因

由于旅客乱扔未熄烟头从站台缝隙掉落引燃桥下堆物所致。

经公安、消防部门调查认定，当日×时×分×动车组列车在×站停车办客，一名旅客在紧邻×车厢车门处吸烟时，将未熄灭的烟头随手丢在站台和动车组列车的空隙处，烟头在风力作用下，由缝隙掉落到桥下×单位堆放的易燃物料上引燃易燃物，火势迅速蔓延上蹿，烧损高架桥上电缆槽内的通信光缆和信号电缆，造成全站轨道电路红光带，影响动车组列车。

安全警示

1. 所有进入铁路区域的人员要严格按照《铁路安全管理

条例》（国务院令第639号）第七十七条禁止实施下列危害铁路安全的行为：“（十四）在动车组列车上吸烟或者在其他列车的禁烟区域吸烟”等相关法规规定，严禁在禁烟区吸烟或违规将未熄灭烟头随意丢弃，严防引发火灾危及铁路行车安全。

2. 铁路车站。一是在要加强站区、站台巡查和宣传教育，劝导旅客少吸烟或到指定位置吸烟，强化动车组列车停车间隙旅客吸烟引导，防止因吸烟引发火情。二是要加强高架站台下方空间管理，及时发现和清理桥下违规堆放易燃物品。

3. 铁路单位要加强铁路桥下特别高铁车站桥下使用空间的安全管理，严禁在高铁桥下违规堆放易燃物和违规用火等问题，防范火情，确保高铁行车安全。

案例 2

高铁桥下违法堆放易燃物起火影响行车

问题概况

×年×月×日×时×分，×高铁×处高架桥下×号墩与×号墩间起火，造成桥梁上方电务电缆被烧损，大火被消防人员紧急扑灭，中断行车 1 小时 20 分钟，影响正在进行联调联试的动车组运行。现场情况如图 24 所示。

图 24

问题原因

由于地方人员违法在高铁桥下堆放易燃物所致。

经公安、消防部门调查认定：起火原因为地方个体工商户违规在高铁桥下堆放大量水果箱等易燃物，且疏于管理，在易燃物着火后也未及时发现和处置，导致火势迅速蔓延扩大，烧损铁路信号电缆，影响列车。

安全警示

1. 铁路沿线企事业单位或个人要严格遵守《铁路法》第三十七条“已经取得使用权的铁路建设用地，应当依照批准的用途使用，不得擅自改作他用；其他单位或者个人不得侵占”和《铁路安全管理条例》（国务院令第639号）第七条“禁止扰乱铁路建设、运输秩序。禁止损坏或者非法占用铁路设施设备、铁路标志和铁路用地”、第三十条“在铁路线路安全保护区内建造建筑物、构筑物等设施，取土、挖砂、挖沟、采空作业或者堆放、悬挂物品，应当征得铁路运输企业同意并签订安全协议，遵守保证铁路安全的国家标准、行业标准和施工安全规范，采取措施防止影响铁路运输安全”等相关法规规定，严禁违法侵占铁路桥下空间堆放物品，特别是易燃物、爆炸物、危险物品等，严防引发火灾等危及铁路设备设施安全和行车安全问题。

2. 属地政府要落实《铁路安全管理条例》（国务院令第639号）等相关法规规定，严格规范铁路桥下或铁路线路安全保护区内事项审批并加强安全监管，防范和制止违法侵占、堆放等危及铁路安全的行为，加强源头管控，确保铁路安全。

3. 铁路单位要统筹巡防队伍力量，加强铁路桥下日常巡查，及时发现和制止违法侵占铁路桥下堆放物品特别是易燃物、爆炸物、危险物品等行为。对拒不整改的要及时向铁路公安和属地政府报告，路地联合进行彻底清理，严防引发火灾等危及铁路设备设施安全和行车安全问题。同时要加大安全宣传教育力度，提升铁路沿线企事业单位和广大人民群众的铁路安全意识，从源头减少和防止违法堆放和火灾隐患的产生。

案例 3

向铁路安全保护区违法倾倒大量弃土影响线路基础安全

问题概况

×年×月×日×时×分，×高铁×至×处铁路线路安全保护区内（最近处距高铁桥梁外沿 3 米），×铁路单位外部环境巡查发现有一长 260 米、宽 155 米、高 10 米的大型堆土。经专业机构检测，堆土致使铁路桥梁基础两侧受力不均，造成了不均匀沉降，使桥墩偏移，线路几何尺寸发生变化，严重影响高铁安全。现场情况如图 25 所示。

图 25

问题原因

由于地方建设施工单位违法在铁路安全保护区内倾倒大量施工弃土所致。

地方建设施工单位违反《铁路安全管理条例》（国务院第639号令）第三十条“在铁路线路安全保护区内建造建筑物、构筑物等设施，取土、挖砂、挖沟、采空作业或者堆放、悬挂物品，应当征得铁路运输企业同意并签订安全协议，遵守保证铁路安全的国家标准、行业标准和施工安全规范，采取措施防止影响铁路运输安全”等相关法规规定，违法在高铁沿线铁路线路安全保护区内及周边堆放大量施工弃土。后经铁检机关发放检察建议书、铁路监管部门联合地方政府进行行政执法，才彻底清理了堆土，消除了安全隐患。

安全警示

1. 地方建设施工单位要严格遵守《铁路安全管理条例》（国务院第639号令）第三十条“在铁路线路安全保护区内建造建筑物、构筑物等设施，取土、挖砂、挖沟、采空作业或者堆放、悬挂物品，应当征得铁路运输企业同意并签订安全协议，遵守保证铁路安全的国家标准、行业标准和施工安全规范，采取措施防止影响铁路运输安全”等相关法规规定，严禁在铁路线路安全保护区及周边违法堆放弃土，影响高铁线路基础安全。

2. 属地政府要落实《铁路安全管理条例》（国务院令第

639 号）等相关法规规定，严格规范铁路沿线特别是铁路线路安全保护区内事项审批并加强安全监管，防范和制止违法侵占、违法堆放等危及铁路安全的行为，加强源头管控，确保铁路安全。

3. 铁路单位要统筹发挥巡防队伍作用加强巡查，及时发现并制止沿线违法侵占铁路线路安全保护区倾倒渣土、垃圾等苗头性、倾向性行为，联合铁路公安和属地政府执法推进整治。重难点安全隐患及时向铁路办事处和集团公司报告，合力推动整治，及时消除隐患。

案例 4

地方企业长期向铁路安全保护区内排污泡塌路基

问题概况

×年×月×日×时×分，×站调车机车牵引列车行至×铁路×处，由于路基被污水长期浸泡坍塌，造成车辆脱轨，长时间中断行车，经紧急抢险起复后恢复，影响列车正常运行。现场情况如图 26 所示。

图 26

问题原因

由于×线路北侧为×省×市×化肥厂，该厂长期违法向铁路线路安全保护区内排污，在路基附近形成长 290 米、宽 70 米的积水坑，积水长期浸泡造成路基土质软化。×年×月×日，该化肥厂擅自在铁路路堤中非法穿入长 19.3 米、直径 160 毫米铁管向外排水，大量污水沿水管与路基间的间隙外流，长时间冲刷致使路基垮塌，枕木悬空，导致通过该处的调车车辆脱轨。

安全警示

1. 地方企业要严格遵守《铁路安全管理条例》（国务院第 639 号令）第二十九条“禁止向铁路线路安全保护区排污、倾倒垃圾以及其他危害铁路安全的物质”和第三十条“在铁路线路安全保护区内建造建筑物、构筑物等设施，取土、挖砂、挖沟、采空作业或者堆放、悬挂物品，应当征得铁路运输企业同意并签订安全协议，遵守保证铁路安全的国家标准、行业标准和施工安全规范，采取措施防止影响铁路运输安全。铁路运输企业应当派员对施工现场实行安全监督”等相关规定，严禁在铁路线路安全保护区内违法排放污水和非法下穿管线等行为，确保铁路安全。

2. 属地政府要严格遵守《铁路安全管理条例》（国务院令第 639 号）第四条“铁路沿线地方各级人民政府和县级以上地方人民政府有关部门应当按照各自职责，加强保障铁路安全的教育，落实护路联防责任制，防范和制止危害铁路安全的行为，协调和处理保障铁路安全的有关事项，做好保障铁路安全的有关工作”的规定，加强铁路线路安全保护区安全监管，防范和制止各类影响铁路安全的行为，确保铁路安全。

3. 铁路单位要统筹发挥巡防队伍作用加强巡查，及时发现并制止铁路线路安全保护区内违法排放污水和非法下穿管线等行为，影响铁路安全的要发放安全隐患通知书或告知书，督促限期整改，对不听劝阻的要及时向铁路公安和属地政府报告，申请行政执法推进整治。重难点安全隐患及时向铁路办事处和集团公司报告，合力推动整治，及时消除隐患，确保铁路安全。

安全小启示

1. 地方企业或施工单位及个人要严格遵守《中华人民共和国安全生产法》，认真履行安全生产主体责任，严格遵守《铁路安全管理条例》（国务院第639号令）第二十九条“禁止向铁路线路安全保护区排污、倾倒垃圾以及其他危害铁路安全的物质”和第三十条“在铁路线路安全保护区内建造建筑物、构筑物等设施，取土、挖砂、挖沟、采空作业或者堆放、悬挂物品，应当征得铁路运输企业同意并签订安全协议，遵守保证铁路安全的国家标准、行业标准和施工安全规范，采取措施防止影响铁路运输安全”等相关法规规定，严禁在铁路桥下、铁路用地内和铁路线路两侧铁路线路安全保护区内堆放杂物、材料、设备、弃土弃渣以及倾倒垃圾和排污等行为，确保铁路安全。

2. 属地政府要严格遵守《铁路安全管理条例》（国务院令第639号）第四条“铁路沿线地方各级人民政府和县级以上地方人民政府有关部门应当按照各自职责，加强保障铁路安全的教育，落实护路联防责任制，防范和制止危害铁路安全的行为，协调和处理保障铁路安全的有关事项，做好保障铁路安全的有关工作”的规定，加强铁路线路安全保护区安全监管，防范和制止各类影响铁路安全的行为，确保铁路安全。

3. 铁路单位要统筹发挥巡防队伍作用加强巡查，及时发现铁路桥下、铁路用地内和铁路线路两侧铁路线路安全保护区内堆放杂物、材料、设备、弃土弃渣以及倾倒垃圾和排污等行为，报告属地政府推动治理。对于苗头性、倾向性重点隐患要密切追踪，必要时可派人现场盯控，积极协调“地方段长”推动整治，重难点隐患及时向铁路办事处和集团公司报告，形成整治合力，及时整治隐患。

4. 铁路单位积极联合属地政府要加强对铁路沿线企业、村委会和广大群众铁路安全宣传教育，提升沿线企业、村委和广大人民群众铁路安全意识，及时举报发现的铁路沿线违法堆物和违法排放等隐患问题，营造全社会共保铁路安全的良好氛围。

第七节　倒落隐患类

《铁路外部环境安全管理办法》（铁安监〔2020〕173 号）规定：倒落隐患类，主要指铁路沿线各类杆塔、上跨线缆、高大设施等存在的倒伏安全隐患。

案例 1

地方电力铁塔折断电力线垂落影响行车

问题概况

×年×月×日×时×分，×线×站至×站间接触网跳闸，供电部门检查发现，地方电力铁塔中部折断，电力线垂落搭接接触网承力索和接触线，造成跳闸断电，导致承力索烧伤 2 处，加强线烧伤 1 处。经铁路供电人员与地方供电人员共同处理后恢复，影响货车 2 列。现场情况如图 27 所示。

图 27

问题原因

由于×线线路北侧，地方×供电公司×供电线（35 千伏）的×号铁塔（距离铁路线路 50 米、塔高 20 米）由于安全管理和日常检修不到位，加之当日极端大风天气（达到 9 级风，局部地区可达 10 级以上），距地面 13 米处折断，电力线垂落搭接在×线×至×站间接触网承力索和接触线上，造成接触网跳闸断电，部分设备烧损。

安全警示

1. 地方电力企业要严格按照《中华人民共和国安全生产法》的要求，履行安全生产主体责任，并遵守第四十八条

“两个以上生产经营单位在同一作业区域内进行生产经营活动，可能危及对方生产安全的，应当签订安全生产管理协议，明确各自的安全生产管理职责和应当采取的安全措施，并指定专职安全生产管理人员进行安全检查与协调”的规定，与铁路单位签订安全管理协议，全面加强铁路沿线上跨电力线和铁塔安全管理，整改不满足电压等级的电力线和倒落安全距离不足的铁塔，确保铁路安全。

2. 属地政府主管部门要落实《中华人民共和国电力法》、《铁路安全管理条例》（国务院令第 639 号）等相关法规规定，严格规范上跨铁路电力线和邻近铁路电力铁塔项目审批并加强安全监管，防范和制止违法建设等影响铁路安全的行为，加强源头控制，确保铁路安全。

3. 铁路单位要统筹巡防队伍力量，加强铁路沿线日常巡查，及时发现非法建设上跨铁路电力线和邻近电力铁塔行为，以及既有交叉区域电力设备设施隐患问题，协调督促供电企业整改，重难点隐患及时向铁路办事处和集团公司报告，形成整治合力，及时整治隐患。遇大风预警天气时要加密巡查，加强上跨铁路电力线和邻近铁路电力铁塔安全状态检查，发现异常情况及时采取妥善应急措施，确保铁路行车安全。

案例 2

地方电力铁塔倒塌上跨高压线垂落侵限影响行车

问题概况

×年×月×日×时×分，×线×站至×货场间×至×处地方高压线侵入限界，影响行车，经抢修后恢复，影响列车正常运行。现场情况如图 28 所示。

图 28

问题原因

由于地方电力公司拆除铁塔作业不规范且安全管理不到位所致。

电力公司在距铁路 680 米的铁塔上拆除旧高压线施工时，作业不当，导致相邻的铁塔倒塌（位于铁路另一侧，距铁路 280 米），旧高压线下垂并搭在供电贯通线上，最低处距钢轨面 2.05 米。施工单位未和任何铁路部门签订安全协议、配合协议，也没有通知任何铁路部门，是造成问题的直接原因。

安全警示

一是地方电力企业要严格按照《中华人民共和国安全生产法》履行安全生产主体责任，并遵守第四十八条“两个以上生产经营单位在同一作业区域内进行生产经营活动，可能危及对方生产安全的，应当签订安全生产管理协议，明确各自的安全生产管理职责和应当采取的安全措施，并指定专职安全生产管理人员进行安全检查与协调”规定，严格落实《高速铁路安全防护管理办法》（交通运输部令 2020 年第 8 号）第二十三条“邻近高速铁路的杆塔应当按照国家标准、行业标准和铁路安全防护要求进行设计安装，杆塔产权单位应当建立定期检查维护制度，确保杆塔牢固稳定”等相关规定，与铁路单位签订安全管理协议，全面加强铁路沿线上跨电力线和铁塔安全管理，整改不满足电压等级的电力线和倒落安全距离不足的铁塔，确保铁路安全。

二是铁路单位要统筹巡防队伍力量，加强铁路沿线日常巡查，及时发现地方违规拆除或建设电力铁塔隐患问题，并联系供电企业整治，与相关供电企业建立联系沟通机制，及时通报邻近铁路上跨电力线和铁塔施工作业计划，属邻近营业线施工的依规审批，加强现场安全监护，确保铁路安全。

案例 3

地方通信铁塔倾倒侵限影响行车

问题概况

×年×月×日×时×分，×线×处西侧一座地方通信铁塔倾倒，将上行接触网接触悬挂压低至距上行线路轨面 1.5 米左右，回流线压断，286 号支柱支撑定位装置损坏，并且侵入下行线限界。×时×分，×至×的×次列车运行至该处，第 1 至 6 位车厢列车运行右侧被侵入限界的铁塔部件刮蹭。列车停于×处。×时×分开通下行，×时×分开通上行。中断下行线行车 1 小时 23 分钟，中断上行线行车 1 小时 53 分钟。影响客车 41 列、货车 10 列。现场情况如图 29 所示。

问题原因

由于地方通信公司违规建设通信铁塔且安全管理不到位所致。

倒伏铁塔产权单位地方通信公司将工程层层转包，施工单

图 29

位组织了4名未经培训的工人进行施工。安装的铁塔施工质量低劣，18条支座安装螺栓仅安装了3条单螺母（每个支座6条安装螺栓，实际安装1条），同时违反相关约定，擅自改变铁塔安装位置，将铁塔安装于铁路线路上行钢轨外侧17.4米（应安装在距×线上行线钢轨外侧26.5米处）。双方没有签订施工安全配合协议，也没有和供电、电务、通信、公安等单位签订施工安全协议。在瞬间强风（瞬间最大风速15.5米/秒，风力7级）的作用下铁塔倾倒，是造成问题的直接原因。

安全警示

一是地方通信企业要严格按照《中华人民共和国安全生产法》的要求，履行安全生产主体责任，并遵守第四十八条“两个以上生产经营单位在同一作业区域内进行生产经营活动，可能危及对方生产安全的，应当签订安全生产管理协议，明确各自的安全生产管理职责和应当采取的安全措施，并指定专职安全生产管理人员进行安全检查与协调”规定，严格遵守《铁路安全管理条例》（国务院第 639 号令）第四十五条“架设、铺设铁路信号和通信线路、杆塔应当符合国家标准、行业标准和铁路安全防护要求。铁路运输企业、为铁路运输提供服务的电信企业应当加强对铁路信号和通信线路、杆塔的维护和管理”和《高速铁路安全防护管理办法》（交通运输部令 2020 年第 8 号）第二十三条“邻近高速铁路的杆塔应当按照国家标准、行业标准和铁路安全防护要求进行设计安装，杆塔产权单位应当建立定期检查维护制度，确保杆塔牢固稳定”等相关法规规定，严格落实《公众移动通信高速铁路覆盖工程技术标准》（GB/T 51279—2018）“内缘至铁路中心的水平距离不应小于塔桅高加 3. 1 米要求”等相关技术标准，不得违规建设通信铁塔，加强铁路沿线既有通信铁塔安全管理，整改不满足倒落安全距离的通信铁塔隐患，隐患整改到位前要与铁路单位签订安全管理协议并强化安全维管保障，确保铁路安全。

二是属地政府主管部门要落《铁路安全管理条例》（国务院第 639 号令）、《高速铁路安全防护管理办法》（交通运输部令 2020 年第 8 号）、《公众移动通信高速铁路覆盖工程技术标准》（GB/T 51279—2018）等相关规定标准，严格规范邻近铁路线路通信铁塔项目审批并加强安全监管，防范和制止违法施工等可能危及铁路安全的行为，加强源头控制，确保铁路安全。

三是铁路单位要统筹巡防队伍力量加强巡查，及时发现地方违规建设通信铁塔苗头性问题，严防新增通信铁塔隐患，严禁建成后才被发现，导致扩大整治难度和工作被动。要与通信公司或铁塔企业建立联系沟通机制，及时掌握地方通信铁塔在铁路沿线新建铁塔计划，联合审定施工方案，从源头减少违规通信铁塔的产生。重难点隐患要及时向铁路办事处环治办汇报，发挥区域职能作用，帮助从地级市级层面推动，同时报送集团公司专业部和安监室，形成整治合力，确保隐患及时整治。

安全小启示

一是铁路沿线各类杆塔、上跨线缆、高大设施等相关企（事）业或个人，要严格按照《中华人民共和国安全生产法》的要求，履行安全生产主体责任，并遵守第四十八条“两个以上生产经营单位在同一作业区域内进行生产经营活动，可能危及对方生产安全的，应当签订安全生产管理协议，明确各自的安全生产管理职责和应当采取的安全措施，并指定专职安全生产管理人员进行安全检查与协调”规定，严格遵守《铁路安全管理条例》（国务院第 639 号令）第四十五条“架设、铺设铁路信号和通信线路、杆塔应当符合国家标准、行业标准和铁路安全防护要求。铁路运输企业、为铁路运输提供服务的电信企业应当加强对铁路信号和通信线路、杆塔的维护和管理”和《高速铁路安全防护管理办法》（交通运输部令 2020 年第 8 号）第二十三条“邻近高速铁路的杆塔应当按照国家标准、行业标准和铁路安全防护要求进行设计安装，杆塔产权单位应当建立定期检查维护制度，确保杆塔牢固稳定”等相关法规规定，严格落实《公众移动通信高速铁路覆盖工程技术标准》（GB/T 51279—2018）“内缘至铁路中心的水平距离不应小于塔桅高加 3.1 米要求”等相关技术标准，全面加强铁路沿线电力铁塔、通信铁塔、烟囱、水塔等各类杆塔和上跨电力线等线缆的安全管理，不得违规建设，切实加强相关既有设备设施安全管理，整改不符合铁路安全规定的倒落类隐患，隐患整改到位前要与铁路单位签订安全管理协议并强化安全维管保障，确保铁路安全。

二是属地政府相关主管部门要严格遵守《中华人民共和国安全生产法》、《铁路安全管理条例》（国务院第 639 号令）、《高速铁路安全防护管理办法》（交通运输部令 2020 年第 8 号）等法规规定，落实《公众移动通信高速铁路覆盖工程技术标准》（GB/T 51279—2018）等技术标准，严格上跨线缆或铁路两侧杆塔、高大设施等可能对铁路存在倒落隐患项目审批并加强安全监管，防范和制止违规建设，加强源头控制。

三是属地政府要落实《国务院办公厅转发交通运输部等单位关于加强铁路沿线安全环境治理工作意见的通知》（国办函〔2021〕49 号）“地方人民政府承担属地治理责任”要求，依法加强铁路沿线各类杆塔、上跨线缆、高大设施等隐患治理，确保铁路安全。

四是铁路单位要统筹巡防队伍力量加强巡查，及时发现并制止地方违规建设不满足倒落安全距离的电力铁塔、通信铁塔、烟囱、水塔等各类杆塔、高大设施或上跨电力线等线缆隐患问题，制止不听取的要报告铁路公安和属地政府执法，确保铁路安全。要与相关企业单位建立日常联系沟通机制，及时掌握铁路沿线可能存在倒类隐患的设备设施建设计划，路地共审方案，加强源头控制，将倒落类隐患消除在萌芽状态，杜绝建成后才被发现。重点隐患要大力协调县区级“地方总段长”治理，重难点安全隐患及时向铁路办事处环治办汇报，发挥区域职能作用，帮助从地级市级层面推动，同时报送集团公司专业部和安监室，形成整治合力，确保隐患及时整治。

五是铁路单位要联合属地政府加强铁路安全宣传，提升沿线相关企业和广大群众铁路安全意识，引导主动防控，从源头减少倒落类安全隐患的产生。引导群众发现铁路沿线危及铁路安全情况时及时举报，营造共保铁路安全良好氛围。

第八节　树植隐患类

《铁路外部环境安全管理办法》（铁安监〔2020〕173 号）规定：树植隐患类，主要指在铁路线路安全保护区内种植影响铁路线路安全和行车瞭望的树木等植物。

案例 1

地方高大杨树被风刮倒砸断接触网影响行车

问题概况

×年×月×日×时×分，×线×站至×站间跳闸。经供电部门检查，×线×站至×站间下行×处 3 棵高大杨树倾倒，砸断×号接触网支柱，造成×号至×号间承力索、接触线、回流线断线，经供电、工务部门处理后开通。中断行车 3 小时 32 分钟，影响客车 11 列、货车 3 列。现场情况如图 30 所示。

图 30

问题原因

由于地方村民在×线铁路线路安全保护区内种植高大杨树（树高 30 米、胸径 0.45 米、距线路中心 10 米），杨树旁边有一条排水沟（宽 1 米、深 0.8 米），长期的污水浸泡造成杨树根部土壤把持力下降，在 9 级大风作用下倾倒，砸断接触网承力索、接触线、回流线，导致跳闸。

安全警示

1. 铁路沿线树木产权人要认真履行树木安全管理的主体责任，严格遵守《铁路安全管理条例》（国务院第 639 号令）关于铁路线路安全保护区内，禁止种植妨碍行车瞭望或者有倒伏危险可能影响线路、电力、牵引供电安全的树木等植物等法规规定，主动加强铁路沿线树木安全隐患整治，防止危树影响铁路行车安全。

2. 属地园林绿化管理部门要严格铁路沿线高大树木事项审批和安全监管，联合属地政府督促树权人及时整治隐患，加强源头控制，确保铁路安全。

3. 铁路单位要加强日常巡查和安全检查，及时发现沿线高大树木隐患，通过发放安全隐患通知书或告知书，督促树权人整治，并向地方政府和园林绿化主管部门报告推动整治，重难点危树隐患及时向铁路办事处和集团公司报告，形成整治合力，确保铁路安全。

案例 2

地方高大杨树倾倒搭接接触网影响行车

问题概况

×年×月×日×时×分，×线×站至×站至×间下行线接触网跳闸，×时×分×站开行供电轨道车进入区间检查，×时×分行至×处发现倒树搭在接触网上，立即组织处理，×时×分恢复供电，影响动车组 3 列、货车 4 列。现场情况如图 31 所示。

图 31

问题原因

由于地方村委会在×线下行线×处，距离铁路路基坡脚6.2米，距离下行线路中心线17米处种植高大杨树（树高29米、胸径0.5米），且长期向杨树周边区域排污（南北长120米、东西宽20米），导致杨树根部土质松软，被大风刮倒，搭接接触网，造成跳闸。

安全警示

1. 铁路沿线树权人要认真履行树木安全管理的主体责任，严格遵守《铁路安全管理条例》（国务院第639号令）关于铁路线路安全保护区内，禁止种植妨碍行车瞭望或者有倒伏危险可能影响线路、电力、牵引供电安全的树木等植物等法规规定，主动加强铁路沿线树木安全隐患整治，防止危树影响铁路行车安全。

2. 属地园林绿化管理部门要严格铁路沿线高大树木事项审批和安全监管，联合属地政府督促树权人及时整治隐患，加强源头控制，确保铁路安全。

3. 铁路单位要加强日常巡查和安全检查，及时发现沿线高大树木隐患，通过发放安全隐患通知书或告知书，督促树权人整治，并向地方政府和园林绿化主管部门报告推动整治，重难点危树隐患及时向铁路办事处和集团公司报告，形成整治合力，确保铁路安全。

案例 3

地方退林还耕伐树倒向线路侵限影响行车

问题概况

×年×月×日×时×分，×线×次旅客列车行至×站至×站间下行线×处，司机反映运行方向左侧有树枝侵限，停于该区间下行线×处，经司机检查无异常后开车，影响列车 5 列。现场情况如图 32 所示。

图 32

问题原因

由于×月×日×时，×省×市×县在组织村民退林还耕，砍伐邻近铁路高大杨树时缺乏安全意识，在未办理邻近营业线施工手续，也未通知铁路单位现场监护的情况下，擅自伐树施工，且施工组织不当，树木倒向线路侵入安全限界，影响行车。

安全警示

1. 铁路沿线树权人要严格履行树木安全管理主体责任，严格遵守《铁路安全管理条例》（国务院第 639 号令）第三十二条“在铁路线路安全保护区及其邻近区域建造或者设置的建筑物、构筑物、设备等，不得进入国家规定的铁路建筑限界”等相关法规规定，邻近铁路砍伐高大树木时要提前向铁路相关单位报告并派人现场安全监护，确保砍伐过程不危及铁路行车安全。

2. 属地政府和村委会要严格遵守《铁路安全管理条例》（国务院第 639 号令）第四条“铁路沿线地方各级人民政府和县级以上地方人民政府有关部门应当按照各自职责，加强保障铁路安全的教育，落实护路联防责任制，防范和制止危害铁路安全的行为，协调和处理保障铁路安全的有关事项，做好保障铁路安全的有关工作”等相关法规规定，在组织退林还耕安排部署时要提示提醒树权人和施工单位在铁路沿线砍伐高大树木时要提前联系铁路单位进行现场踏勘，施工时派员现场监护，必要时办理邻近营业线施工手续，纳入施工天窗进行管理，切实加强施工安全管控，确保铁路安全。

3. 铁路单位要统筹巡防队伍力量，及时发现并制止铁路沿线违法砍伐高大树木造成侵限等行为，及时联合“地方段长”加强退林还耕政策涉及范围安全风险防控，确保铁路安全。

案例 4

村民伐树搭接贯通线造成铁路电力停电

问题概况

×年×月×日×时×分，×线×站电力停电，×普速场至×场间上下行线轨道电路区段闪红光带（站内 UPS 电源启动供电）。供电抢修后恢复供电，影响客车 2 列、货车 2 列。现场情况如图 33 所示。

图 33

问题原因

×年×月×日，×供电段在对×贯通电力线环境巡查时，发现×号至×号电力杆两侧存在路外危树，随即向树权人发放了《×安全隐患告知书》，并向镇政府进行了移交。事发当日，树权人在未提前联系村委会、镇政府和供电段的情况下，擅自组织施工队对危树进行砍伐，树木倾倒过程中触碰贯通电力线造成贯通线跳闸，×站电力停电，轨道电路区段闪红光带。

安全警示

1. 铁路沿线树权人要认真履行树木安全管理主体责任，严格遵守《铁路安全管理条例》（国务院第 639 号令）第三十二条“在铁路线路安全保护区及其邻近区域建造或者设置的建筑物、构筑物、设备等，不得进入国家规定的铁路建筑限界”等相关法规规定，邻近铁路砍伐高大树木时要提前向铁路相关单位报告并派人现场安全监护，确保砍伐过程不危及铁路行车安全。

2. 属地政府和村委会要严格遵守《铁路安全管理条例》（国务院第 639 号令）第四条“铁路沿线地方各级人民政府和县级以上地方人民政府有关部门应当按照各自职责，加强保障铁路安全的教育，落实护路联防责任制，防范和制止危害铁路安全的行为，协调和处理保障铁路安全的有关事项，做好保障铁路安全的有关工作”等相关法规规定，特别是在安排部署砍伐影响铁路安全的高大危树时，要提示提醒树权人和施工单位要在施工单位主动联系铁路单位进行现场踏勘，施工时派员现场监护，必要时办理邻近营业线施工手续，纳入施工天窗进行管理，切实加强施工安全管控，严防擅自违法施工危及铁路行车安全。

3. 铁路单位要统筹巡防力量加大巡查，及时发现并制止铁路沿线违法砍伐树木等危险行为，特别是要针对移交给属地政府要求树权人整治的危树隐患，要在发放安全隐患通知书或告知书时向树权人宣传铁路沿线施工安全规定和要求，使树权人真正树立未经铁路运输企业同意不得擅自在邻近铁路线路或供电线砍伐危树的意识，确保砍伐过程安全。

安全小启示

1. 铁路沿线树权人要认真履行树木安全管理主体责任，严格落实《铁路安全管理条例》（国务院第 639 号令）第二十九条“禁止在铁路线路安全保护区内烧荒、放养牲畜、种植影响铁路线路安全和行车瞭望的树木等植物”和《高速铁路安全防护管理办法》（交通运输部令 2020 年第 8 号）第二十三条“在高速铁路线路安全保护区内，禁止种植妨碍行车瞭望或者有倒伏危险可能影响线路、电力、牵引供电安全的树木等植物；对已种植的，应当依法限期迁移或者修剪、砍伐”等法规规定和相关技术标准，严禁在铁路沿线违规种植高大树木，全面加强既有树木安全管理并依法消除安全隐患，邻近铁路线路砍伐高大树木时须提前联系铁路单位并现场安全监护，确保铁路安全。

2. 属地园林绿化管理部门要严格铁路沿线树木事项审批和安全监管，落实《高速铁路安全防护管理办法》（交通运输部令 2020 年第 8 号）“铁路运输企业发现高速铁路线路安全保护区内既有的林木存在可能危及高速铁路安全隐患的，应当告知其产权人或者管理人及时采取措施消除安全隐患，产权人或者管理人拒绝或者怠于处置的，铁路运输企业应当及时向铁路沿线林业主管部门报告，由林业主管部门协调产权人或者管理人采取措施消除安全隐患”等法规规定，积极联合属地政府督促树权人主动消除隐患，加强源头控制，确保铁路安全。

3. 铁路单位要加强危树排查，发现隐患及时向地方政府和园林绿化主管部门报告，加强与地方政府、联席办、属地“双段长”对接协调推动整治。重难点危树隐患要及时向铁路办事处和集团公司报告形成整治合力。要加强铁路沿线高大树木周边环境巡查研判，及时发现树根基础状态不牢等突出隐患并优先整治，确保铁路安全。

4. 铁路单位要统筹巡防队伍力量加强巡查，及时发现并制止在铁路沿线违法砍伐或违规种植树木等行为，对不听劝阻的要立即向铁路公安和属地政府、园林绿化部门报告，申请联合执法，及时消除隐患，确保铁路安全。要与相关属地政府或园林绿化部门建立联系沟通机制，提前了解掌握地方退林还耕、征地拆迁等计划安排，主动工作超前防范。加强大风大雨等极端天气事前、事中、事后巡视排查，对突出危树及时组织砍伐、截冠、销枝或采取固定措施，防止危树倒向铁路影响行车安全。

5. 铁路单位要联合属地政府针对铁路沿线林场、园林单位、企业、村委会和广大群众加大安全宣传教育，普及铁路沿线高大树木危及铁路安全案例常识，提升广大人民群众铁路安全意识，遇有铁路沿线私自伐树或违规种树的及时制止或举报，营造全社会共保铁路安全的良好氛围。

第九节　硬飘浮物类

《铁路外部环境安全管理办法》（铁安监〔2020〕173 号）规定：硬飘浮物类，主要指邻近铁路线路安全保护区一定范围内彩钢瓦房、广告牌等金属材料建（构）筑物在大风天气下侵入铁路限界安全隐患。

案例 1

安全保护区内违建彩钢房房顶被大风刮上高铁线路砸坏接触网刮坏动车

问题概况

×年×月×日×时×分，×次动车组运行至×高铁×至×站间×处，ATP 由绿 5 灯突变红黄灯，接触网跳闸失压，动车组紧急制动过程中与挂在接触网上的彩钢板相撞，造成动车组导流罩、前挡风玻璃、受电弓等多处受损严重无法运行，接触网支柱受损、接触线断线。经紧急救援和抢修后恢复，中断高铁行车 1 小时 26 分钟，影响动车组 8 列。现场情况如图 34 所示。

图 34

问题原因

由于当地村民侵占铁路线路安全保护区，在内违法修建彩钢房（距离桥栏杆外沿 12 米），房屋（砖墙、彩钢顶）长 55 米、宽 8 米、高 3. 5 米，建成后彩钢房顶未采取任何加固措施，存在严重安全隐患。工务部门巡查发现后向当事人发放了《铁路沿线安全隐患综合治理告知书》并向属地政府进行了移交，但迟迟未得到整治。事发当日，彩钢房顶被大风整体刮起飘到高铁线路及接触网上，砸坏接触网设备，刮坏动车组。

安全警示

1. 铁路沿线企（事）业单位或个人要严格遵守《铁路安全管理条例》（国务院令第639号）第三十条“在铁路线路安全保护区内建造建筑物、构筑物等设施，取土、挖砂、挖沟、采空作业或者堆放、悬挂物品，应当征得铁路运输企业同意并签订安全协议”和《高速铁路安全防护管理办法》（交通运输部令2020年第8号）第二十四条“对高速铁路线路两侧的塑料大棚、彩钢棚、广告牌、防尘网等轻质建筑物、构筑物，其所有权人或者实际控制人应当采取加固防护措施，并对塑料薄膜、锡箔纸、彩钢瓦、铁皮等建造、构造材料及时清理，防止大风天气条件下危害高速铁路安全”等相关法规规定，严禁未经规划审批和铁路部门同意违法在铁路线路安全保护区内建设建构筑物，特别是不得违法建设彩钢房屋，对合法彩钢建（构）筑物要按标准进行加固，确保铁路安全。

2. 属地政府要严格落实《铁路安全管理条例》（国务院令第639号）第四条“落实护路联防责任制，防范和制止危及铁路安全的行为，协调和处理保障铁路安全的有关事项，做好保障铁路安全的有关工作”，落实《国务院办公厅转发交通运输部等单位关于加强铁路沿线安全环境治理工作意见的通知》（国办函〔2021〕49号）“属地承担治理责任”要求，协调治理铁路发现移交的彩钢房、彩钢围挡等硬飘浮物安全隐患，隐患未整治前要采取可靠的安全措施，遇大风等不良天气时及时发布预警信息，提示产权人加强重点隐患处所巡视盯控，确保铁路安全。

3. 铁路单位统筹巡防队伍力量，加强巡视检查，及时发现铁路沿线各类彩钢房、彩钢围挡和彩钢板等硬飘浮物安全隐患，按照《北京局集团公司外部环境管理办法》隐患管理流程，及时向产权人发放隐患告知书或隐患通知书，向属地政府进行移交并追踪协调推动整治。突出隐患及时向公安机关、县级以上属地政府和铁路办事处、集团公司报告，合力推进整治。遇大风等不良天气时要联合属地加强巡视盯控，严防彩钢隐患引发影响铁路行车问题。

案例 2

违建彩钢房顶被大风刮上高铁线路砸坏行车设备

问题概况

×年×月×日×时×分（夜间），×高铁×站至×站间接触网跳闸，经工务和供电部门检查发现×省×市×区×乡一村民二层楼房的彩钢顶被大风刮到×高铁接触网上，造成接触网跳闸、接触网承力索断 3 股、保护线断线、正馈线烧损、高铁下行侧桥梁栏杆立柱破损 9 根、桥梁栏杆破损 18 米。经供电、工务部门抢修后恢复。现场情况如图 35 所示。

图 35

问题原因

由于地方村民在×高铁×处修建二层楼房（长 18 米、宽 12 米，一层为砖混结构、二层为砖墙彩钢顶），侵入高铁安全保护区（房屋距桥梁外沿 0.6 米），存在严重安全隐患。工务部门巡查发现后向当事人发放了《铁路沿线安全隐患综合治理告知书》并向属地政府进行了移交，在铁路单位和属地政府的再三督促下，产权人用铁丝进行了简单捆绑（未按标准进行加固）。事发当日，彩钢房顶被大风刮到高铁线路及接触网上，砸坏工务和供电设备。

安全警示

1. 铁路沿线企（事）业单位或个人要严格遵守《铁路安全管理条例》（国务院令第 639 号）和《高速铁路安全防护管理办法》（交通运输部令 2020 年第 8 号）关于“对高速铁路线路两侧的塑料大棚、彩钢棚、广告牌、防尘网等轻质建筑物、构筑物，其所有权人或者实际控制人应当采取加固防护措施，并对塑料薄膜、锡箔纸、彩钢瓦、铁皮等建造、构造材料及时清理，防止大风天气条件下危害高速铁路安全”等相关法规规定，存在安全隐患的要严格按标准加固，确保铁路安全。

2. 属地政府要严格落实《铁路安全管理条例》（国务院令第 639 号）第四条“落实护路联防责任制，防范和制止危及铁路安全的行为，协调和处理保障铁路安全的有关事项，做好保障铁路安全的有关工作”和《国务院办公厅转发交通运输部等单位关于加强铁路沿线安全环境治理工作意见的通知》（国办函〔2021〕49号）“属地承担治理责任，完善工作机制，明确层级责任，保障经费投入，统一协调做好本地区铁路沿线安全环境治理工作”要求，严格按照整治标准治理铁路部门发现移交的彩钢围挡、彩钢房等硬飘浮物安全隐患。隐患未整治前要采取可靠的安全措施，遇大风等不良天气时及时发布预警信息，提示产权人加强重点隐患处所巡视盯控，确保铁路安全。

3. 铁路单位统筹巡防队伍力量，加强巡视检查，及时发现铁路沿线各类彩钢房、彩钢围挡和彩钢板等硬飘浮物安全隐患，按照《北京局集团公司外部环境管理办法》隐患管理流程，及时向产权人发放隐患告知书或隐患通知书，向属地政府进行移交并追踪协调推动整治。突出隐患及时向公安机关、县级以上属地政府和铁路办事处、集团公司报告，合力推进整治。遇大风等不良天气时要联合属地加强巡视盯控，严防彩钢隐患引发影响铁路行车问题。

案例 3

地方商铺彩钢房顶被大风刮上线路砸断接触网支柱刮碰客车

问题概况

×年×月×日×时×分，×线×站至×站间接触网跳闸，×次客车紧急制动停于×处。经查，上线彩钢板为距线路18米处×省×市×县×乡一地方商铺彩钢屋顶，被大风刮上线路，砸断×下行线×号接触网支柱，刮碰客车，经紧急救援和抢修后恢复，中断上行1小时50分钟，下行3小时56分钟，影响客车20列、货车8列。现场情况如图36所示。

图 36

问题原因

×年×地在铁路沿线开展“美丽乡村”建设时，由政府出资统一安排×施工单位在铁路沿线商铺平房（一层砖混结构，距线路中心18米）顶部加装彩钢顶（长16米、宽12米），由于施工单位未按图施工，屋顶结构不合理，彩钢棚西侧、北侧封死，南侧背向铁路有开口，施工质量存在缺陷，部分立柱未按要求进行锚固，且使用的锚固膨胀螺栓不符合设计要求，多处龙骨架未与房顶进行焊接，造成彩钢顶固定强度不达标，抗风能力不足。事发时，瞬时大风从南侧开口处倒灌（气象部门监测最大风力为9级），彩钢顶被整体掀起，飞向线路，下行线×号接触网支柱在彩钢板剪切力作用下折断倾倒，接触网塌网跳闸，客车紧急制动过程中与侵入限界的彩钢板刮碰。

安全警示

1. 属地政府主管部门和建设单位。一是要严格遵守《中华人民共和国安全生产法》认真履行安全生产主体责任，在组织铁路沿线房屋加装彩钢顶时，严禁对铁路安全保护区内的房屋加装彩钢顶，在铁路两侧100米范围内加装的要事先征得铁路运输企业同意，并邀请铁路单位参与方案审查。二是要委托有资质的单位进行方案设计和抗风检算，安排有资质的单位进行施工，聘请监理单位进行施工监理，确保施工质量。三是要按设计要求定期对加装的彩钢顶进行检查维护，确保状态良好，符合安全要求。

2. 施工和监理等单位。一是要严格落实施工主体责任，严格执行设计方案和安全措施，确保施工安全和工程质量，不留安全隐患。二是在施工范围邻近铁路时，要按邻近铁路营业线施工管理相关要求办理手续，并落实相关安全措施和要求，确保施工期间铁路安全。

3. 属地政府。一是要严格落实《铁路安全管理条例》（国务院令第639号）第四条“落实护路联防责任制，防范和制止危及铁路安全的行为，协调和处理保障铁路安全的有关事项，做好保障铁路安全的有关工作”，落实《国务院办公厅转发交通运输部等单位关于加强铁路沿线安全环境治理工作意见的通知》（国办函〔2021〕49号）“属地承担治理责任”要求，一是督促相关部门严格落实彩钢顶加装设计方案和加固标准，确保达标牢固，强化源头治理。二是定期组织开展铁路沿线彩钢房、彩钢围挡、广告牌等硬飘浮物安全隐患排查整治活动，及时消除安全隐患。三是及时协调推进铁路单位发现和移交的彩钢房、彩钢围挡等硬飘浮物安全隐患治理工作，督促产权单位在隐患未彻底整治前采取可靠安全防控措施，确保铁路安全。

4. 铁路单位。一是要统筹巡防队伍力量，加大巡视检查力度，及时发现铁路沿线各类彩钢房、彩钢围挡、彩钢板材和广告牌等硬飘浮物安全隐患，向产权人发放安全隐患告知书或安全隐患通知书，并向属地政府报告，督促产权人按标准进行整治。二是在产权人完成彩钢房等硬飘浮物隐患整治后要及时组织进行验收和销号工作，确保隐患整治达标，并签订安全管理协议，建立长效管理机制。三是对重难点硬飘浮物隐患遇到产权人不配合或推进困难时要及时向铁路公安机关、铁路办事处和集团公司报告，形成整治合力。四是要联合属地政府定期组织开展铁路沿线安全和爱路护路宣传活动，不断提升铁路沿线企事业单位和广大人民群众的安全意识和爱路护路意识。

案例 4

村民堆放彩钢板被强风刮上接触网刮碰机车导致跳闸

问题概况

×年×月×日×时×分，×次客车行至×线×站至×站间下行线×处，司机发现接触网挂彩钢板，立即采取降弓停车措施，停车过程中彩钢板与机车车顶搭接，接触网跳闸，造成接触线和机车车体局部灼伤。×时×分经供电部门处理后恢复供电，耽误行车 1 小时 18 分钟，影响列车 4 列。现场情况如图 37 所示。

图 37

问题原因

当地村民拆除自家彩钢房后，将拆除的废旧彩钢板堆放在自家大门外（距铁路线路 30 米、准备当日卖废品），没有采取压实或捆绑等安全措施，被短时强风（当日发布大风蓝色预警：阵风 9 至 10 级）刮到接触网上，刮碰机车，接触网跳闸。

安全警示

1. 铁路沿线企（事）业单位及个人要认真履行安全管理主体责任，严格落实《国务院办公厅转发交通运输部等单位关于加强铁路沿线安全环境治理工作意见的通知》（国办函〔2021〕49 号）和属地省级政府铁路安全管理规定中“对铁路线路两侧五百米范围内的彩钢瓦、石棉瓦、树脂瓦、简易房、塑料薄膜、塑料大棚、防尘网、广告牌等轻质物体，以及废品收购站（点）、露天垃圾消纳点等场所，其所有人或者管理人应当采取有效的防风加固等安全防护措施，做好日常管理维护和清理回收工作，防止恶劣气象条件下危及铁路沿线安全”等相关法规规定，不在铁路沿线 500 米范围内随意堆放彩钢板、广告牌、塑料布、防尘网等各类飘浮物，确需临时存放的要采取可靠的压实、捆绑、加固等防风固定措施，确保铁路安全。

2. 属地政府要严格落实《铁路安全管理条例》（国务院令第 639 号）第四条“落实护路联防责任制，防范和制止危及铁路安全的行为，协调和处理保障铁路安全的有关事项，做好保障铁路安全的有关工作”，落实《国务院办公厅转发交通运输部等单位关于加强铁路沿线安全环境治理工作意见的通知》（国办函〔2021〕49号）“属地承担治理责任”要求，一是定期组织开展铁路沿线彩钢房、彩钢围挡、广告牌等硬飘浮物安全隐患排查整治活动，及时消除安全隐患。二是及时协调推进铁路单位发现和移交的彩钢房、彩钢围挡等硬飘浮物安全隐患治理工作，督促产权单位在隐患未彻底整治前采取可靠安全防控措施，确保铁路安全。

3. 铁路单位。一是要统筹巡防队伍力量加强巡视检查，及时发现铁路沿线各类散放彩钢板等硬飘浮物安全隐患，及时告知和督促产权人进行治理，消除安全隐患。二是在大风等不良天气前要加强巡查，联合属地政府加强宣传提醒，督促产权人排查管控，严防恶劣天气引发硬飘浮物上线影响铁路行车问题。三是要联合属地政府定期组织开展铁路沿线安全和爱路护路宣传活动，不断提升铁路沿线企事业单位和广大人民群众的安全意识和爱路护路意识。

案例 5

散放彩钢板被大风刮上接触网刮坏受电弓

问题概况

×年×月×日×时×分，×线普速场至×站间下行线接触网跳闸，同时×次客车行至×站至×站间下行线×处，司机发现接触网挂彩钢板（长 3 米、宽 1 米）紧急停车过程中与彩钢板发生刮碰，刮坏机车受电弓、打断×号接触网支柱斜腕臂，导致接触网塌网、跳闸。经供电、机务人员紧急处理后开通，影响客车 11 列、货车 3 列。现场情况如图 38 所示。

图 38

问题原因

×省×市×镇村民在铁路沿线路堑上方存放彩钢板（未采取压实措施），其中一块彩钢板（长 3 米、宽 1 米）被大风刮起（当地气象观测点显示风力 9 级），挂在×处接触网上，×次客车行至该处时与挂在接触网上的彩钢板发生刮碰，刮坏受电弓、打断斜腕臂，导致接触网塌网、跳闸。

安全警示

1. 铁路沿线企（事）业单位及个人要认真履行安全管理主体责任，严格落实《国务院办公厅转发交通运输部等单位关于加强铁路沿线安全环境治理工作意见的通知》（国办函〔2021〕49 号）和属地省级政府铁路安全管理规定中“对铁路线路两侧五百米范围内的彩钢瓦、石棉瓦、树脂瓦、简易房、塑料薄膜、塑料大棚、防尘网、广告牌等轻质物体，以及废品收购站（点）、露天垃圾消纳点等场所，其所有人或者管理人应当采取有效的防风加固等安全防护措施，做好日常管理维护和清理回收工作，防止恶劣气象条件下危及铁路沿线安全”等相关法规规定，不在铁路沿线 500 米范围内随意堆放彩钢板、广告牌、塑料布、防尘网等各类飘浮物，确需临时存放的要采取可靠的压实、捆绑、加固等防风固定措施，确保铁路安全。

2. 属地政府要严格落实《铁路安全管理条例》（国务院令第 639 号）第四条“落实护路联防责任制，防范和制止危及铁路安全的行为，协调和处理保障铁路安全的有关事项，做好保障铁路安全的有关工作”，落实《国务院办公厅转发交通运输部等单位关于加强铁路沿线安全环境治理工作意见的通知》（国办函〔2021〕49号）“属地承担治理责任”要求，一是定期组织开展铁路沿线彩钢房、彩钢围挡、广告牌等硬飘浮物安全隐患排查整治活动，及时消除安全隐患。二是及时协调推进铁路单位发现和移交的彩钢房、彩钢围挡等硬飘浮物安全隐患治理工作，督促产权单位在隐患未彻底整治前采取可靠安全防控措施，确保铁路安全。

3. 铁路单位。一是要统筹巡防队伍力量加强巡视检查，及时发现铁路沿线各类散放彩钢板等硬飘浮物安全隐患，及时告知和督促产权人进行治理，消除安全隐患。二是在大风等不良天气前要加强巡查，联合属地政府加强宣传提醒，督促产权人排查管控，严防恶劣天气引发硬飘浮物上线影响铁路行车问题。三是要联合属地政府定期组织开展铁路沿线安全和爱路护路宣传活动，不断提升铁路沿线企事业单位和广大人民群众的安全意识和爱路护路意识。

案例 6

地方公司彩钢屋顶被大风刮上线路

问题概况

×年×月×日×时×分，×线×站至×站间上下行线接触网跳闸，×时×分发现大块彩钢板搭在×处上下行线接触网及线路上。经多部门紧急处理后×时×分恢复，影响客车 3 列、货车 10 列。现场情况如图 39 所示。

图 39

问题原因

×省×市×公司在×铁路×处建设的生产厂房（砖混基础

和围墙、彩钢房顶）的彩钢房顶加固不牢，被瞬时大风刮上线路（当地气象部门监测最大风力 9 级），搭接接触网，是问题发生的直接原因。

安全警示

1. 铁路沿线企（事）业单位及个人。一是要认真履行安全生产主体责任，加强生产厂房彩钢屋顶的加固和安全检查，确保安全牢固。二是要严格落实《国务院办公厅转发交通运输部等单位关于加强铁路沿线安全环境治理工作意见的通知》（国办函〔2021〕49 号）和属地省级政府铁路安全管理规定中“对铁路线路两侧五百米范围内的彩钢瓦、石棉瓦、树脂瓦、简易房、塑料薄膜、塑料大棚、防尘网、广告牌等轻质物体，以及废品收购站（点）、露天垃圾消纳点等场所，其所有人或者管理人应当采取有效的防风加固等安全防护措施，做好日常管理维护和清理回收工作，防止恶劣气象条件下危及铁路沿线安全”等相关法规规定，对存在安全隐患的彩钢建筑要严格按标准加固，确保铁路安全。

2. 属地政府。一是要严格落实《国务院办公厅转发交通运输部等单位关于加强铁路沿线安全环境治理工作意见的通知》（国办函〔2021〕49 号）“属地承担治理责任”要求，对铁路沿线生产企业和个人的彩钢房的安全状态进行检查，督促产权人落实安全管理主体责任，按设计规范和要求进行建设和加固，确保安全。二是要对铁路部门移交的彩钢房、彩钢围挡等硬飘浮物安全隐患，督促产权人按标准进行整治，在隐患未彻底整治前要采取可靠的安全措施，遇大风预警时加强重点隐患处所巡视盯控，确保铁路安全。

3. 铁路单位。一是要统筹巡防队伍力量加强巡视检查，及时发现铁路沿线各类散放彩钢板等硬飘浮物安全隐患，及时告知和督促产权人进行治理，消除安全隐患。二是在大风等不良天气前要加强巡查，联合属地政府加强宣传提醒，督促产权人排查管控，严防恶劣天气引发硬飘浮物上线影响铁路行车问题。三是要联合属地政府定期组织开展铁路沿线安全和爱路护路宣传活动，不断提升铁路沿线企事业单位和广大人民群众的安全意识和爱路护路意识。

案例 7

高铁建设期彩钢棚加固不达标被大风刮上线路

问题概况

×月×日×时×分，×城际×次动车组行至×站至×站间下行线×处，司机反映动车组主断路器跳开、受电弓自动降弓，采取常用制动停于×处，经机械师检查受电弓挂异物（换弓后限速运行至前方站处理）。工务、供电人员现场确认，×城际×站至×站间下行线×处接触网挂彩钢板夹芯岩棉、吊索线夹处挂树枝，桥梁步行板和两线间有 1 块破损的彩钢板，紧急处理并进行安全检查后限速开通，影响动车组 4 列。现场情况如图 40 所示。

问题原因

×年×月，×城际建设期间，由建设单位出资，地方政府委托×施工单位对距高铁 113 米×村民养殖场内多栋彩钢棚、彩钢顶进行加固，由于施工单位未严格执行加固标准，加固

图 40

彩钢棚时没有埋设地锚，造成加固强度不够，抗风能力不足。事发当日，×地突发“龙卷风”极端天气（当地气象部门监测风力达 10 级），大风将养殖场内彩钢棚刮坏，大量彩钢板连同支柱刮到树枝上，大量树木被大风刮倒、折断，其中 1 片破损彩钢板、2 块彩钢板夹芯岩棉和一些树枝被大风刮到接触网上和线路上。

安全警示

1. 新建铁路建设单位要在新线建设期联合地方政府组织对铁路沿线彩钢房、彩钢棚加固时，严格执行加固标准，委托有资质的单位进行施工，并安排监理单位全过程盯控，施工完成后组织地方政府、施工单位、监理单位、产权单位和铁路单位进行联合验收，签字销号，确保整治达标，并组织产权单位与铁路单位签订安全管理协议。

2. 属地政府新建铁路主管部门要认真履行新建铁路环境建设主体责任，严格落实新建铁路环境安全有关要求，联合铁路建设单位组织对铁路沿线彩钢类安全隐患进行全面彻底整治，杜绝漏排漏整和整治不达标问题。

3. 铁路沿线企（事）业单位及个人要严格落实《国务院办公厅转发交通运输部等单位关于加强铁路沿线安全环境治理工作意见的通知》（国办函〔2021〕49号）和省市政府铁路安全管理规定中“对铁路线路两侧五百米范围内的彩钢瓦、石棉瓦、树脂瓦、简易房、塑料薄膜、塑料大棚、防尘网、广告牌等轻质物体，以及废品收购站（点）、露天垃圾消纳点等场所，其所有人或者管理人应当采取有效的防风加固等安全防护措施，做好日常管理维护和清理回收工作，防止恶劣气象条件下危及铁路沿线安全”的规定，对存在安全隐患的彩钢房、彩钢棚等要严格按标准加固，确保铁路安全。

4. 属地政府。一是要严格落实《国务院办公厅转发交通运输部等单位关于加强铁路沿线安全环境治理工作意见的通知》（国办函〔2021〕49号）“属地承担治理责任”要求，对铁路沿线生产企业和个人的彩钢房的安全状态进行检查，督促产权人落实安全管理主体责任，按设计规范和要求进行建设和加固，确保安全。二是要对铁路部门移交的彩钢房、彩钢围挡等硬飘浮物安全隐患，督促产权人按标准进行整治，在隐患未彻底整治前要采取可靠的安全措施，遇大风预警时加强重点隐患处所巡视盯控，确保铁路安全。

5. 铁路单位要落实新建铁路项目环境安全提前介入职责，联合建设单位、地方政府和产权单位全面彻底排查新建铁路两侧彩钢类安全隐患，参与整治方案审定和施工过程盯控，配合建设单位和属地政府严格按标准验收销号，对整治不达标的一律推倒重来，严防漏排漏整和整治不达标问题，确保新建铁路环境安全。

安全小启示

1. 铁路沿线企（事）业单位及个人要严格落实《国务院办公厅转发交通运输部等单位关于加强铁路沿线安全环境治理工作意见的通知》（国办函〔2021〕49号）和属地省级政府铁路安全管理规定中“对铁路线路两侧五百米范围内的彩钢瓦、石棉瓦、树脂瓦、简易房、塑料薄膜、塑料大棚、防尘网、广告牌等轻质物体，以及废品收购站（点）、露天垃圾消纳点等场所，其所有人或者管理人应当采取有效的防风加固等安全防护措施，做好日常管理维护和清理回收工作，防止恶劣气象条件下危及铁路沿线安全”等规定，对存在安全隐患的彩钢房、彩钢棚、彩钢围挡等要严格按标准进行加固。不在铁路沿线500米范围内随意堆放彩钢板、广告牌、塑料布、防尘网等各类飘浮物，确需临时存放的要采取可靠的压实、捆绑、加固等防风固定措施，确保铁路安全。

2. 新建铁路建设单位要在新线建设期联合地方政府组织对铁路沿线彩钢房、彩钢棚加固时，要严格执行加固标准，委托有资质的单位进行施工，并安排监理单位全过程盯控，施工完成后组织地方政府、施工单位、监理单位、产权单位和铁路单位进行联合验收，签字销号，确保整治达标，并组织产权单位与铁路单位签订安全管理协议。

3. 属地政府新建铁路主管部门要认真履行新建铁路环境建设主体责任，严格落实新建铁路环境安全有关要求，联合铁路建设单位组织对铁路沿线彩钢类安全隐患进行全面彻底整治，杜绝漏排漏整和整治不达标问题。

4. 属地政府。一是要严格落实《国务院办公厅转发交通运输部等单位关于加强铁路沿线安全环境治理工作意见的通知》（国办函〔2021〕49 号）“属地承担治理责任”要求，对铁路沿线生产企业和个人的彩钢房的安全状态进行检查，督促产权人落实安全管理主体责任，按设计规范和要求进行建设和加固，确保安全。二是要对铁路部门移交的彩钢房、彩钢围挡等硬飘浮物安全隐患，督促产权人按标准进行整治，在隐患未彻底整治前要采取可靠的安全措施，遇大风预警时加强重点隐患处所巡视盯控，确保铁路安全。

5. 铁路单位。一是要统筹巡防队伍力量加强巡视检查，及时发现铁路沿线各类散放彩钢板等硬飘浮物安全隐患，及时告知和督促产权人进行治理，消除安全隐患。二是在大风等不良天气前要加强巡查，联合属地政府加强宣传提醒，督促产权人排查管控，严防恶劣天气引发硬飘浮物上线影响铁路行车问题。三是要落实新建铁路项目环境安全提前介入职责，联合建设单位、地方政府和产权单位全面彻底排查新建铁路两侧彩钢类安全隐患，参与整治方案审定和施工过程盯控，配合建设单位和属地政府严格按标准验收销号，对整治不达标的一律推倒重来，严防漏排漏整和整治不达标问题，确保新建铁路环境安全。四是要联合属地政府定期组织开展铁路沿线安全和爱路护路宣传活动，不断提升铁路沿线企事业单位和广大人民群众的安全意识和爱路护路意识。

第十节　轻飘浮物类

《铁路外部环境安全管理办法》（铁安监〔2020〕173号）规定：轻飘浮物类，主要指在铁路沿线升放风筝、气球、无人机等低空飘浮物以及各种网类、塑料类等轻体物品在大风天气下侵入铁路限界安全隐患。

案例1

长大塑料布被大风刮上接触网刮坏动车组受电弓

问题概况

×年×月×日×时×分，×高铁×次行至×站至×站间上行线×处，高速运行的动车组（300千米/小时）受电弓与挂在接触网上的长大塑料布发生刮撞，造成11车和3车受电弓上臂折断脱落，接触网定位器等设备损坏。经紧急抢修后恢复，影响动车组 49 列，造成×车站旅客大量滞留。现场情况如图 41 所示。

图 41

原因分析

由于当地村民在邻近铁路的自留地里种花生，为保温保湿铺设长大塑料布，没有压实被大风刮上接触网所致。

经查，×高铁桥梁西侧 68 米处为当地村民种植花生的自留地，事发前一周，村民在自家花生地上苫盖了两块塑料布（各长 45 米，宽 6 米）只是简单压了几个小砖块（不符合铁路沿线轻飘浮物压实标准），铁路供电人员巡查发现后，未通知产权人整治，也未报告地方段长，只是进行了简单补压。事发当日塑料布被大风（当地气象部门发布大风蓝色预警阵风 7~8 级）刮到高铁接触网上，刮坏动车组受电弓和接触网设备，导致动车组列车大面积晚点或停运，×车站旅客大量滞留。

安全警示

1. 铁路沿线企（事）业单位或个人。一是要严格遵守《铁路安全管理条例》（国务院令第 639 号）和《高速铁路安全防护管理办法》（交通运输部令 2020 年第 8 号）关于“对高速铁路线路两侧的塑料大棚、彩钢棚、广告牌、防尘网等轻质建筑物、构筑物，其所有权人或者实际控制人应当采取加固防护措施，并对塑料薄膜、锡箔纸、彩钢瓦、铁皮等建造、构造材料及时清理，防止大风天气条件下危害高速铁路安全”等相关法规规定。二是要严格遵守北京市、天津市、河北省等省市铁路安全管理规定中对铁路线路两侧各五百米范围内的废品收购站、露天垃圾消纳点以及防尘网、农用薄膜、反光膜、塑料大棚等管理规定和要求，采取有效的防风加固措施，加强日常巡查维护，防止大风天气条件下危及铁路运输安全。三是要加强日常巡查管控，定期对塑料大棚、苫布、防尘网、农用薄膜、反光膜等加固压实状态进行检查补强，遇大风预警时加强巡视盯控，采取必要的补强措施，确保铁路安全。

2. 属地政府要严格落实《铁路安全管理条例》（国务院令第 639 号）第四条“落实护路联防责任制，防范和制止危及铁路安全的行为，协调和处理保障铁路安全的有关事项，做好保障铁路安全的有关工作”，落实《国务院办公厅转发交通运输部等单位关于加强铁路沿线安全环境治理工作意见的通知》（国办函〔2021〕49 号）“属地承担治理责任”要求，结合季节性和农耕特点，加强铁路沿线塑料大棚、地膜、苫布、防尘网等轻飘浮物危害铁路安全案例宣传教育，指导相关村民、企业主动做好飘浮物隐患防控工作。

3. 铁路单位。一是要及时排查发现铁路沿线各类塑料地膜等轻飘浮物安全隐患，及时下发安全隐患告知书或通知书，督促产权人进行整治，同时向属地政府和地方段长报告，推动隐患治理，要严格执行隐患整治和销号标准，确保整治质量。二是要联合地方段长开展铁路沿线轻飘浮物隐患宣传教育，提高沿线广大人民群众安全意识，自觉养成轻飘浮物安全管控的良好习惯。

案例 2

地方菜窖塑料苫布被旋风刮上接触网

问题概况

×年×月×日×时×分，×高铁×次运行至×站至×站间，司机发现上行线×处接触网挂塑料布，采取紧急制动措施停于×处，随车机械师下车检查发现 14 车受电弓挂塑料布，换弓后（升 3 车、11 车受电弓）限速 40 千米/小时运行至×站处理。×时×分供电人员申请临时点上线处理后恢复，影响动车组 49 列。现场情况如图 42 所示。

图 42

问题原因

由于当地村民临时掀开菜窖塑料苫布未采取压实措施被刮上接触网所致。

当地村民到自家菜窖（位于高铁西侧，距离桥梁外侧78米）取白菜时，将覆盖在白菜窖上的塑料苫布（长16米，宽5.7米）掀起，堆放在白菜窖北侧的空地上（未采取任何压实措施），×时×分，塑料苫布被旋风卷起，飘落到高铁上下行线接触网上，刮上列车受电弓，影响列车运行。

安全警示

1. 铁路沿线企（事）业单位或个人。一是要严格遵守《铁路安全管理条例》（国务院令第639号）和《高速铁路安全防护管理办法》（交通运输部令2020年第8号）关于“对高速铁路线路两侧的塑料大棚、彩钢棚、广告牌、防尘网等轻质建筑物、构筑物，其所有权人或者实际控制人应当采取加固防护措施，并对塑料薄膜、锡箔纸、彩钢瓦、铁皮等建造、构造材料及时清理，防止大风天气条件下危害高速铁路安全”等相关法规规定。二是要严格遵守北京市、天津市、河北省等省市铁路安全管理规定中对铁路线路两侧各五百米范围内的废品收购站、露天垃圾消纳点以及防尘网、农用薄膜、反光膜、塑料大棚等管理规定和要求，采取有效的防风加固措施，加强日常巡查维护，防止大风天气条件下危及铁路运输安全。三是要加强日常巡查管控，定期对塑料大棚、苫布、防尘网、农用薄膜、反光膜等加固压实状态进行检查补强，遇大风预警时加强巡视盯控，采取必要的补强措施，确保铁路安全。

2. 属地政府要严格落实《铁路安全管理条例》（国务院令第639号）第四条“落实护路联防责任制，防范和制止危及铁路安全的行为，协调和处理保障铁路安全的有关事项，做好保障铁路安全的有关工作”，落实《国务院办公厅转发交通运输部等单位关于加强铁路沿线安全环境治理工作意见的通知》（国办函〔2021〕49号）“属地承担治理责任”要求，结合季节性和农耕特点，加强铁路沿线塑料大棚、地膜、苫布、防尘网等轻飘浮物危害铁路安全案例宣传教育，指导相关村民、企业主动做好飘浮物隐患防控工作。

3. 铁路单位。一是要及时排查发现铁路沿线各类塑料地膜等轻飘浮物安全隐患，及时下发安全隐患告知书或通知书，督促产权人进行整治，同时向属地政府和地方段长报告，推动隐患治理，要严格执行隐患整治和销号标准，确保整治质量。二是要联合地方段长开展铁路沿线轻飘浮物隐患宣传教育，提高沿线广大人民群众安全意识，自觉养成轻飘浮物安全管控的良好习惯。

案例 3

村民堆放棚膜被大风刮上接触网

问题概况

×年×月×日×时×分，×次动车组列车行至×至×站间×处时，发现×处接触网上挂塑料布，影响上、下行列车运行，立即采取紧急降弓停车措施。经供电部门处理后，×时×分开车，影响动车组 18 列。现场情况如图 43 所示。

图 43

问题原因

由于地方村民将废旧塑料大棚棚膜拆除后随意堆放在距高铁上行线 47 米处（未采取压实措施）被瞬时大风刮上接触网，影响上、下行列车运行。

安全警示

1. 铁路沿线企（事）业单位或个人要严格遵守《铁路安全管理条例》（国务院令第 639 号）和《高速铁路安全防护管理办法》（交通运输部令 2020 年第 8 号）关于“对高速铁路线路两侧的塑料大棚、彩钢棚、广告牌、防尘网等轻质建筑物、构筑物，其所有权人或者实际控制人应当采取加固防护措施，并对塑料薄膜、锡箔纸、彩钢瓦、铁皮等建造、构造材料及时清理，防止大风天气条件下危害高速铁路安全”等相关规定，严格遵守北京市、天津市、河北省等省市有关铁路线路两侧各 500 米范围内的废品收购站、露天垃圾消纳点以及防尘网、农用薄膜、反光膜、塑料大棚，其产权人或者管理人应当采取有效的防风加固措施，加强日常巡查维护，防止大风天气条件下危及铁路运输安全的规定，主动加强铁路线路两侧塑料大棚棚膜加固防护措施，及时清理废旧棚膜，确保铁路安全。

2. 属地政府要严格落实《铁路安全管理条例》（国务院令第 639 号）第四条“落实护路联防责任制，防范和制止危及铁路安全的行为，协调和处理保障铁路安全的有关事项，做好保障铁路安全的有关工作”，落实《国务院办公厅转发交通运输部等单位关于加强铁路沿线安全环境治理工作意见的通知》（国办函〔2021〕49号）“属地承担治理责任”要求，结合季节性和农耕特点，主动加强铁路沿线塑料大棚和地膜等轻飘浮物危害铁路安全案例宣传教育，指导村民、企业主动做好飘浮物隐患防控工作，遇大风预警时及时提醒，重点防范，确保铁路安全。

3. 铁路单位要统筹巡防队伍力量，结合季节规律及沿线周边塑料大棚周期性更换的特点，加大巡防管控力度，及时发现和处置随意堆放废旧或待用塑料棚布、地膜、防尘网等飘浮物隐患，必要时下发安全隐患通知书或告知书，并向属地政府和铁路公安机关报告，协调推进整治，遇大风等不良天气预警或重点时期安排专人看守，确保铁路安全。

案例 4

地方园区防虫网加固不牢被大风刮上接触网

问题概况

×年×月×日×时×分，×高铁×至×线路所间上下行线接触网跳闸，×时×分×次司机反映×线路所至×间上下行线×处接触网挂白色纱网（长 100 米、宽 30 米）停车。经供电部门处理后×时×分开，影响动车组 15 列。现场情况如图 44 所示。

图 44

问题原因

由于地方农业观光产业园在蔬菜大棚上（距铁路 300 米）铺设的防虫纱网（长 100 米、宽 30 米），没有采取可靠的压实和加固措施，被大风刮上接触网所致。

安全警示

1. 铁路沿线企（事）业单位或个人要严格遵守《铁路安全管理条例》（国务院令第 639 号）和《高速铁路安全防护管理办法》（2020 年第 8 号）关于“对高速铁路线路两侧的塑料大棚、彩钢棚、广告牌、防尘网等轻质建筑物、构筑物，其所有权人或者实际控制人应当采取加固防护措施，并对塑料薄膜、锡箔纸、彩钢瓦、铁皮等建造、构造材料及时清理，防止大风天气条件下危害高速铁路安全”等相关规定，严格遵守北京市、天津市、河北省等省市有关铁路线路两侧各 500 米范围内的废品收购站、露天垃圾消纳点以及防尘网、农用薄膜、反光膜、塑料大棚，其产权人或者管理人应当采取有效的防风加固措施，加强日常巡查维护，防止大风天气条件下危及铁路运输安全的规定，主动加强铁路线路两侧塑料大棚棚膜、防虫网加固防护措施，确保铁路安全。

2. 属地政府要严格落实《铁路安全管理条例》（国务院令第 639 号）第四条“落实护路联防责任制，防范和制止危及铁路安全的行为，协调和处理保障铁路安全的有关事项，做好保障铁路安全的有关工作”，落实《国务院办公厅转发交通运输部等单位关于加强铁路沿线安全环境治理工作意见的通知》（国办函〔2021〕49号）“属地承担治理责任”要求，结合季节性和农耕特点，主动加强铁路沿线塑料大棚和地膜等轻飘浮物危害铁路安全案例宣传教育，指导村民、企业主动做好飘浮物隐患防控工作，遇大风预警时及时提醒，重点防范，确保铁路安全。

3. 铁路单位要统筹巡防队伍力量，结合季节规律及沿线周边塑料大棚周期性更换的特点，加大巡防管控力度，及时发现和处置随意堆放废旧或待用塑料棚布、地膜、防尘网、防虫网等飘浮物隐患，必要时下发安全隐患通知书或告知书，并向属地政府和铁路公安机关报告，协调推进整治，遇大风等不良天气预警或重点时期安排专人看守，确保铁路安全。

案例 5

地方葡萄园防鸟网被风刮上接触网

问题概况

×年×月×日×时×分，×站巡视发现，×站×道至×道接触网上挂防鸟网，立即向车站调度员报告，扣停列车。经供电部门紧急处理后开通，影响行车 1 小时 28 分钟，影响客车 5 列、货车 7 列。现场情况如图 45 所示。

图 45

问题原因

由于×站线路北侧 30 米处，地方×林果研究所院内葡萄园上架设的尼龙防鸟网（长 80 米、宽 7 米）固定不牢，被旋风掀起刮上接触网所致。

安全警示

1. 铁路沿线企（事）业单位或个人要严格遵守《铁路安全管理条例》（国务院令第 639 号）和《高速铁路安全防护管理办法》（2020 年第 8 号）关于“对高速铁路线路两侧的塑料大棚、彩钢棚、广告牌、防尘网等轻质建筑物、构筑物，其所有权人或者实际控制人应当采取加固防护措施，并对塑料薄膜、锡箔纸、彩钢瓦、铁皮等建造、构造材料及时清理，防止大风天气条件下危害高速铁路安全”等相关规定，严格遵守北京市、天津市、河北省等省市有关铁路线路两侧各 500 米范围内的废品收购站、露天垃圾消纳点以及防尘网、农用薄膜、反光膜、塑料大棚、防鸟网，其产权人或者管理人应当采取有效的防风加固措施，加强日常巡查维护，防止大风天气条件下危及铁路运输安全的规定，主动加强铁路线路两侧塑料大棚棚膜、防虫网加固防护措施，确保铁路安全。

2. 属地政府要严格落实《铁路安全管理条例》（国务院令第 639 号）第四条“落实护路联防责任制，防范和制止危及铁路安全的行为，协调和处理保障铁路安全的有关事项，做好保障铁路安全的有关工作”，落实《国务院办公厅转发交通运输部等单位关于加强铁路沿线安全环境治理工作意见的通知》（国办函〔2021〕49号）“属地承担治理责任”要求，结合季节性和农耕特点，主动加强铁路沿线塑料大棚和地膜等轻飘浮物危害铁路安全案例宣传教育，指导村民、企业主动做好飘浮物隐患防控工作，遇大风预警时及时提醒，重点防范，确保铁路安全。

3. 铁路单位要统筹巡防队伍力量，结合季节规律及沿线周边塑料大棚周期性更换的特点，加大巡防管控力度，及时发现和处置随意堆放废旧或待用塑料棚布、地膜、防尘网、防虫网、防鸟网等飘浮物隐患，必要时下发安全隐患通知书或告知书，并向属地政府和铁路公安机关报告，协调推进整治，遇大风等不良天气预警或重点时期安排专人看守，确保铁路安全。

案例 6

苫盖垃圾防尘网被大风刮上接触网

问题概况

×年×月×日×时×分，×城际×次司机行至×处时发现×处接触网上挂防尘网，立即采取降弓停车措施，停于×处，经随车机械师检查确认限速运行至前方×站处理。经供电人员处理后复，影响动车组 28 列。现场情况如图 46 所示。

图 46

问题原因

由于地方环卫人员在清运×城际×处垃圾（距离线路80米）时，将铺设在垃圾堆上的防尘网掀开（未进行压实），被短时大风刮上接触网所致。

安全警示

1. 铁路沿线企（事）业单位或个人要严格遵守《铁路安全管理条例》（国务院令第639号）和《高速铁路安全防护管理办法》（交通运输部令2020年第8号）关于“对高速铁路线路两侧的塑料大棚、彩钢棚、广告牌、防尘网等轻质建筑物、构筑物，其所有权人或者实际控制人应当采取加固防护措施，并对塑料薄膜、锡箔纸、彩钢瓦、铁皮等建造、构造材料及时清理，防止大风天气条件下危害高速铁路安全”等相关规定，严格遵守北京市、天津市、河北省等省市有关铁路线路两侧各500米范围内的废品收购站、露天垃圾消纳点以及防尘网、农用薄膜、反光膜、塑料大棚、防鸟网，其产权人或者管理人应当采取有效的防风加固措施，加强日常巡查维护，防止大风天气条件下危及铁路运输安全的规定，主动加强铁路线路两侧塑料大棚棚膜、防虫网加固防护措施，确保铁路安全。

2. 属地政府要严格落实《铁路安全管理条例》（国务院令第639号）第四条“落实护路联防责任制，防范和制止危及铁路安全的行为，协调和处理保障铁路安全的有关事项，做好保障铁路安全的有关工作”，落实《国务院办公厅转发交通运输部等单位关于加强铁路沿线安全环境治理工作意见的通知》（国办函〔2021〕49号）“属地承担治理责任”要求，主动加强铁路沿线防尘网等轻飘浮物危害铁路安全案例宣传教育，指导相关施工单位、社区、企业等主动做好防尘网隐患防控工作，遇大风预警时及时提醒，重点防范，确保铁路安全。

3. 铁路单位统筹巡防队伍力量，加强铁路沿线两侧500米范围内防尘网隐患巡视检查，特别是施工工地、拆迁区、砂石料厂等重点区域检查，及时排查发现防尘网频繁掀动、老化严重破损或散放未压实加固等安全隐患问题，与防尘网产权人建立信息沟通机制，动态掌握施工场地防尘网的使用周期、隐患状态，实施动态管控，必要时下发安全隐患通知书或告知书，并向属地政府和铁路公安机关报告，协调推进整治，遇大风等不良天气预警或重点时期安排专人看守，确保铁路安全。

案例 7

拆迁工地防尘网被大风刮上接触网缠绕动车组受电弓

问题概况

×年×月×日×时×分，×高铁×次行至×站至×线路所间×处，司机发现×处接触网上挂防尘网，立即采取降弓停车措施，停于×处，随车机械师通过监控视频发现 4 车受电弓挂防尘网，换升 6 车弓后限速观察运行（到站后入库登顶检查处理）。经供电人员上线处理后线路恢复运行，影响动车组正常运行。现场情况如图 47 所示。

图 47

问题原因

由于地方政府在组织×社区拆迁时（距高铁1500米），施工单位按环保部门要求在拆迁工地上（4平方千米）铺设大量防尘网，由于施工单位安全意识不强，防尘网压没有压实，被大风刮上接触网所致。

安全警示

1. 铁路沿线建设和施工单位要认真履行防尘网铺设和管理的安全主体责任，严格遵守《铁路安全管理条例》（国务院令第639号）和《高速铁路安全防护管理办法》（交通运输部令2020年第8号）关于“对高速铁路线路两侧的塑料大棚、彩钢棚、广告牌、防尘网等轻质建筑物、构筑物，其所有权人或者实际控制人应当采取加固防护措施，并对塑料薄膜、锡箔纸、彩钢瓦、铁皮等建造、构造材料及时清理，防止大风天气条件下危害高速铁路安全”等规定，严格遵守北京市、天津市、河北省等省市有关在铁路线路两侧各500米范围内的废品收购站、露天垃圾消纳点以及防尘网、农用薄膜、反光膜、塑料大棚等，其产权人或者管理人应当采取有效的防风加固措施，加强日常巡查维护，防止大风天气条件下危及铁路运输安全等要求，提升铁路沿线防尘网安全管理意识，严格执行国家、省市、行业和铁路安全相关标准，不在铁路安全保护区内铺设防尘网，铁路线路两侧500米范围内不铺或少铺防尘网，必需铺设的要按标准进行加固并制定巡防管控措施；已经铺设的要采取清理或撤除等措施，无法撤除的要严格按标准进行加固，并加强日常巡查管控，确保安全。

2. 属地政府要严格落实《铁路安全管理条例》（国务院令第639号）第四条“落实护路联防责任制，防范和制止危及铁路安全的行为，协调和处理保障铁路安全的有关事项，做好保障铁路安全的有关工作”，落实《国务院办公厅转发交通运输部等单位关于加强铁路沿线安全环境治理工作意见的通知》（国办函〔2021〕49号）“属地承担治理责任”要求，加强铁路沿线防尘网铺设管理，定期开展安全宣传教育，指导督促建设和施工单位、社区、企业等做好防尘网隐患防控工作，遇大风预警时及时提醒，重点防范，确保铁路安全。

3. 铁路单位统筹巡防队伍力量，加强铁路沿线两侧500米范围内防尘网隐患巡视检查，特别是施工工地、拆迁区、砂石料厂等重点区域检查，及时排查发现防尘网频繁掀动、老化严重破损或散放未压实加固等安全隐患问题，及时下发安全隐患通知书或告知书，并向属地政府报告，督促责任或管理单位及时整治。要与防尘网铺设或管理单位建立信息沟通机制，动态掌握施工场地防尘网使用周期、安全状态，实施动态管控，遇大风预警时提前联合巡视检查整治，确保铁路安全。

案例 8

苫盖河砂防尘网被大风刮上接触网

问题概况

×年×月×日×时×分，×次动车组行至×高铁×站至×站间上行线×处，刮碰被大风刮上接触网和线路的防尘网（共 4 块，长 8 米、宽 0.5 米），司机立即采取制动措施停于×处。经供电、机务、车辆等人员紧急处理后恢复，耽误行车 2 小时 25 分钟，影响动车组 24 列。现场情况如图 48 所示。

图 48

问题原因

×年×月，×工程公司承揽×河道清理整治工程，从河道清理出的河砂堆放在高铁西侧133米处（砂堆南北长60米、东西宽30米、高10米）。事发前两日，×工程公司按照×县环保局要求在砂堆上新铺防尘网，没有按标准进行压实。事发当日当地气象台发布大风橙色预警（风力9~10级，局地阵风11级），多块没有压实的防尘网被大风刮上接触网和铁路线路。

安全警示

1. 铁路沿线河道管理单位和施工单位要认真履行防尘网铺设和管理的安全主体责任，严格遵守《铁路安全管理条例》（国务院令第639号）和《高速铁路安全防护管理办法》（交通运输部令2020年第8号）关于“对高速铁路线路两侧的塑料大棚、彩钢棚、广告牌、防尘网等轻质建筑物、构筑物，其所有权人或者实际控制人应当采取加固防护措施，并对塑料薄膜、锡箔纸、彩钢瓦、铁皮等建造、构造材料及时清理，防止大风天气条件下危害高速铁路安全”等规定，严格遵守北京市、天津市、河北省等省市有关在铁路线路两侧各500米范围内的废品收购站、露天垃圾消纳点以及防尘网、农用薄膜、反光膜、塑料大棚等，其产权人或者管理人应当采取有效的防风加固措施，加强日常巡查维护，防止大风天气条件下危及铁路运输安全等要求，提升铁路沿线防尘网安全管理意识，严格执行国家、省市、行业和铁路安全相关标准，不在铁路安全保护区内铺设防尘网，铁路线路两侧 500 米范围内不铺或少铺防尘网，必需铺设的要按标准进行加固并制定巡防管控措施；已经铺设的要采取清理或撤除等措施，无法撤除的要严格按标准进行加固，并加强日常巡查管控，确保安全。

2. 属地政府要严格落实《铁路安全管理条例》（国务院令第 639 号）第四条“落实护路联防责任制，防范和制止危及铁路安全的行为，协调和处理保障铁路安全的有关事项，做好保障铁路安全的有关工作”，落实《国务院办公厅转发交通运输部等单位关于加强铁路沿线安全环境治理工作意见的通知》（国办函〔2021〕49 号）“属地承担治理责任”要求，加强铁路沿线防尘网铺设管理，定期开展安全宣传教育，指导督促建设和施工单位、社区、企业等做好防尘网隐患防控工作，遇大风预警时及时提醒，重点防范，确保铁路安全。

3. 铁路单位统筹巡防队伍力量，加强铁路沿线两侧 500 米范围内防尘网隐患巡视检查，特别是施工工地、拆迁区、砂石料厂等重点区域检查，及时排查发现防尘网频繁掀动、老化严重破损或散放未压实加固等安全隐患问题，及时下发安全隐患通知书或告知书，并向属地政府报告，督促责任或管理单位及时整治。要与防尘网铺设或管理单位建立信息沟通机制，动态掌握施工场地防尘网使用周期、安全状态，实施动态管控，遇大风预警时提前联合巡视检查整治，确保铁路安全。

案例 9

火车站改造工程防尘网被风刮上接触网

问题概况

×年×月×日×时×分，×特快列车行至×线×站内×正线×处时，与挂在接触网上的防尘网发生刮碰，紧急制动停车。经供电、机务、车站人员紧急处理后恢复，影响列车正常运行。现场情况如图 49 所示。

图 49

问题原因

×年×月×日，×站改指挥部组织中铁×工程局在×火车站改建施工期间（站内上下行两条正线正常通过列车），施工单位在土方施工过程中铺设大量防尘网，且经常性掀盖，×日×时，多块防尘网由于压盖不实，被风刮到接触网上和正在通过的客车上。

安全警示

1. 铁路建设和施工单位。一是要认真履行安全生产和防尘网管理主体责任，在营业线两侧500米范围内施工时禁止铺设防尘网（有抑尘要求的采用其他安全的方式）。二是严格遵守《铁路安全管理条例》（国务院令第639号）和《高速铁路安全防护管理办法》（交通运输部令2020年第8号）关于“对高速铁路线路两侧的塑料大棚、彩钢棚、广告牌、防尘网等轻质建筑物、构筑物，其所有权人或者实际控制人应当采取加固防护措施，并对塑料薄膜、锡箔纸、彩钢瓦、铁皮等建造、构造材料及时清理，防止大风天气条件下危害高速铁路安全”等规定，提升铁路沿线安全意识，严格执行国家、行业和铁路安全管理相关规定，主动采取清理或加固等安全防护措施，加强日常巡查管控，确保安全。

2. 铁路单位要加强邻近营业线铁路建设施工工地巡查，及时发现防尘网频繁掀动、老化严重破损或散放未压实等突出安全隐患问题，及时通知和督促铁路建设和施工单位进行处置。要与铁路建设和施工单位建立信息通报和联合检查机制，动态掌握施工场地防尘网使用周期、安全状态、动态管控等情况，遇大风预警时提前进行联合巡视检查补强，确保铁路安全。

案例 10

地方企业塑料编织布被风刮上接触网

问题概况

×月×日×时×分，×高铁×次行至×站至×高速场间下行线×处，司机发现下行线×处接触网挂异物，立即采取断电降弓紧急制动措施，停车过程中受电弓挂上异物，×时×分停于×处，切除 3 车、6 车、11 车受电弓（均挂有异物），升 14 车受电弓后，限速 120 千米/小时运行至×站，更换热备动车组担当后续任务。现场处理后线路恢复，影响动车组 10 列。现场情况如图 50 所示。

问题原因

×省×市×县在×高铁×处有一家水泥构件加工厂，事发前日晚，镇生态环保部门检查发现厂内砂堆裸露，当即要求进行整改，该厂负责人立即组织 5 人使用 4 块塑料编织布对砂堆进行了苫盖，由于缺乏铁路安全意识，苫盖后没有进行可靠加固和压实。事发当日上午，塑料编织布被风刮到高铁接触网和线路上，刮碰动车组受电弓。

图 50

安全警示

1. 铁路沿线河道管理单位和施工单位要认真履行防尘网铺设和管理的安全主体责任，严格遵守《铁路安全管理条例》（国务院令第 639 号）和《高速铁路安全防护管理办法》（交通运输部令 2020 年第 8 号）关于“对高速铁路线路两侧的塑料大棚、彩钢棚、广告牌、防尘网等轻质建筑物、构筑物，其所有权人或者实际控制人应当采取加固防护措施，并对塑料薄膜、锡箔纸、彩钢瓦、铁皮等建造、构造材料及时清理，防止大风天气条件下危害高速铁路安全”等规定，严格遵守北京市、天津市、河北省等省市有关在铁路线路两侧各 500 米范围内的废品收购站、露天垃圾消纳点以及防尘网、农用薄膜、反光膜、塑料大棚等，其产权人或者管理人应当采取有效的防风加固措施，加强日常巡查维护，防止大风天气条件下危及铁路运输安全等要求，提升铁路沿线防尘网安全管理意识，严格执行国家、省市、行业和铁路安全相关标准，不在铁路安保区内铺设防尘网，铁路线路两侧500米范围内不铺或少铺防尘网，必需铺设的要按标准进行加固并制定巡防管控措施；已经铺设的要采取清理或撤除等措施，无法撤除的要严格按标准进行加固，并加强日常巡查管控，确保安全。

2. 属地政府环保主管部门要落实行业监管和安全指导责任，在要求相关企业落实环保要求实施防尘措施时，既要布置防尘任务，更要提示安全要求，督促企业按标准和要求采取抑尘措施，禁止在铁路安保区内铺设防尘网等，对铁路两侧500米范围内防尘网、苫布等进行加固和压实，确保环保和安全双达标。

3. 属地政府要严格落实《铁路安全管理条例》（国务院令第639号）第四条“落实护路联防责任制，防范和制止危及铁路安全的行为，协调和处理保障铁路安全的有关事项，做好保障铁路安全的有关工作”，落实《国务院办公厅转发交通运输部等单位关于加强铁路沿线安全环境治理工作意见的通知》（国办函〔2021〕49号）“属地承担治理责任”要求，加强铁路沿线防尘网铺设管理，定期开展安全宣传教育，指导督促建设和施工单位、社区、生产企业等做好防尘网隐患防控工作，遇大风预警时及时提醒，重点防范，确保铁路安全。

4. 铁路单位要统筹巡防队伍力量，加强铁路沿线两侧500米范围内各类苫布安全隐患巡视检查，特别是露天存放物料和经常使用苫布覆盖的企业单位、施工工地、砂石料厂等重点区域，及时排查发现苫布临时铺设、频繁掀动、严重破损或散放未压实加固等安全隐患问题，及时下发安全隐患通知书或告知书，并向属地政府报告，督促责任或管理单位及时整治。要与防尘网铺设或管理单位建立信息沟通机制，动态掌握施工场地防尘网使用周期、安全状态，实施动态管控，遇大风预警时提前联合巡视检查整治，确保铁路安全。

案例 11

地方公司废弃塑料编织布被风刮上接触网

问题概况

×年×月×日×时，×线×次行至×站至×站间×处，司机发现运行前方接触网上挂长大塑料编织布（长 4.9 米、宽 0.8 米），立即采取断电降弓紧急停车措施，停于×处（3 车位于异物下方），经司机和机械师检查确认并换弓处理后（3 车弓换 2 车弓）开车。供电人员自×站登乘×次到区间对塑料编织布进行处理，影响动车组 2 列。现场情况如图 51 所示。

图 51

问题原因

×省×市×县×农业公司在×铁路沿线（位于线路西北侧，距线路 74 米）进行游泳池修建施工时，施工单位将土工膜（防水材料）外包装塑料编织布随意丢弃（没有采取任何压实或捆绑措施），其中一块（长 4.9 米、宽 0.8 米）被大风刮到接触网上。

安全警示

1. 铁路沿线河道管理单位和施工单位要认真履行防尘网铺设和管理的安全主体责任，严格遵守《铁路安全管理条例》（国务院令第 639 号）和《高速铁路安全防护管理办法》（交通运输部令 2020 年第 8 号）关于“对高速铁路线路两侧的塑料大棚、彩钢棚、广告牌、防尘网等轻质建筑物、构筑物，其所有权人或者实际控制人应当采取加固防护措施，并对塑料薄膜、锡箔纸、彩钢瓦、铁皮等建造、构造材料及时清理，防止大风天气条件下危害高速铁路安全”等规定，严格遵守北京市、天津市、河北省等省市有关在铁路线路两侧各 500 米范围内的废品收购站、露天垃圾消纳点以及防尘网、农用薄膜、反光膜、塑料大棚等，其产权人或者管理人应当采取有效的防风加固措施，加强日常巡查维护，防止大风天气条件下危及铁路运输安全等要求，提升铁路沿线防尘网安全管理意识，严格执行国家、省市、行业和铁路安全相关标准，不在铁路安保区内铺设防尘网，铁路线路两侧

500 米范围内不铺或少铺防尘网，必需铺设的要按标准进行加固并制定巡防管控措施；已经铺设的要采取清理或撤除等措施，无法撤除的要严格按标准进行加固，并加强日常巡查管控，确保安全。

2. 属地政府要严格落实《铁路安全管理条例》（国务院令第 639 号）第四条“落实护路联防责任制，防范和制止危及铁路安全的行为，协调和处理保障铁路安全的有关事项，做好保障铁路安全的有关工作”，落实《国务院办公厅转发交通运输部等单位关于加强铁路沿线安全环境治理工作意见的通知》（国办函〔2021〕49 号）“属地承担治理责任”要求，加强铁路沿线防尘网铺设管理，定期开展安全宣传教育，指导督促建设和施工单位、社区、生产企业等做好防尘网隐患防控工作，遇大风预警时及时提醒，重点防范，确保铁路安全。

3. 铁路单位要统筹巡防队伍力量，加强铁路沿线两侧 500 米范围内各类苫布安全隐患巡视检查，特别是露天存放物料和经常使用苫布覆盖的企业单位、施工工地、砂石料厂等重点区域，及时排查发现苫布临时铺设、频繁掀动、严重破损或散放未压实加固等安全隐患问题，及时下发安全隐患通知书或告知书，并向属地政府报告，督促责任或管理单位及时整治。要与防尘网铺设或管理单位建立信息沟通机制，动态掌握施工场地防尘网使用周期、安全状态，实施动态管控，遇大风预警时提前联合巡视检查整治，确保铁路安全。

安全小启示

1. 铁路沿线河道管理单位和施工单位要认真履行防尘网铺设和管理的安全主体责任，严格遵守《铁路安全管理条例》（国务院令第639号）和《高速铁路安全防护管理办法》（交通运输部令2020年第8号）关于“对高速铁路线路两侧的塑料大棚、彩钢棚、广告牌、防尘网等轻质建筑物、构筑物，其所有权人或者实际控制人应当采取加固防护措施，并对塑料薄膜、锡箔纸、彩钢瓦、铁皮等建造、构造材料及时清理，防止大风天气条件下危害高速铁路安全”等规定，严格遵守北京市、天津市、河北省等省市有关在铁路线路两侧各500米范围内的废品收购站、露天垃圾消纳点以及防尘网、农用薄膜、反光膜、塑料大棚等，其产权人或者管理人应当采取有效的防风加固措施，加强日常巡查维护，防止大风天气条件下危及铁路运输安全等要求，提升铁路沿线防尘网安全管理意识，严格执行国家、省市、行业和铁路安全相关标准，不在铁路安保区内铺设防尘网，铁路线路两侧500米范围内不铺或少铺防尘网，必需铺设的要按标准进行加固并制定巡防管控措施；已经铺设的要采取清理或撤除等措施，无法撤除的要严格按标准进行加固，并加强日常巡查管控，确保安全。

2. 属地政府环保主管部门要落实行业监管和安全指导责任，在要求相关企业落实环保要求实施防尘措施时，既要布置防尘任务，更要提示安全要求，督促企业按标准和要求采取抑尘措施，禁止在铁路安保区内铺设防尘网等，对铁路两侧 500 米范围内防尘网、苫布等进行加固和压实，确保环保和安全双达标。

3. 属地政府要严格落实《铁路安全管理条例》（国务院令第 639 号）第四条“落实护路联防责任制，防范和制止危及铁路安全的行为，协调和处理保障铁路安全的有关事项，做好保障铁路安全的有关工作”，落实《国务院办公厅转发交通运输部等单位关于加强铁路沿线安全环境治理工作意见的通知》（国办函〔2021〕49 号）“属地承担治理责任”要求，加强铁路沿线防尘网铺设管理，定期开展安全宣传教育，指导督促建设和施工单位、社区、生产企业等做好防尘网隐患防控工作，遇大风预警时及时提醒，重点防范，确保铁路安全。

4. 铁路建设和施工单位。一是要认真履行安全生产和防尘网管理主体责任，在营业线两侧 500 米范围内施工时禁止铺设防尘网（有抑尘要求的采用其他安全的方式）。二是严格遵守《铁路安全管理条例》（国务院令第 639 号）和《高速铁路安全防护管理办法》（交通运输部令 2020 年第 8 号）关于“对高速铁路线路两侧的塑料大棚、彩钢棚、广告牌、防尘网等轻质建筑物、构筑物，其所有权人或者实际控制人应当采取加固防护措施，并对塑料薄膜、锡箔纸、彩钢瓦、铁皮等建造、构造材料及时清理，防止大风天气条件下危害高速铁路安全”等规定，提升铁路沿线安全意识，严格执行国家、行业和铁路安全管理相关规定，主动采取清理或加固等安全防护措施，加强日常巡查管控，确保安全。

5. 铁路单位要统筹巡防队伍力量，加强铁路沿线两侧500米范围内各类苫布安全隐患巡视检查，特别是露天存放物料和经常使用苫布覆盖的企业单位、施工工地、砂石料厂等重点区域，及时排查发现苫布临时铺设、频繁掀动、严重破损或散放未压实加固等安全隐患问题，及时下发安全隐患通知书或告知书，并向属地政府报告，督促责任或管理单位及时整治。要与防尘网铺设或管理单位建立信息沟通机制，动态掌握施工场地防尘网使用周期、安全状态，实施动态管控，遇大风预警时提前联合巡视检查整治，确保铁路安全。

6. 铁路单位要联合属地政府加强铁路安全宣传，提升沿线相关企业和广大群众铁路安全意识，引导主动防控，从源头减少白色垃圾等各类轻飘浮物隐患的产生。引导群众发现铁路沿线塑料布等轻飘浮物危及铁路安全情况时及时举报，营造共保铁路安全良好氛围。

第十一节　危害铁路通信信号设施类

《铁路外部环境安全管理办法》（铁安监〔2020〕173号）规定：危害铁路通信信号设施类，主要指危害铁路地下、过河光（电）缆等设施安全的违法行为。

案例 1

地方违法施工机械压断铁路信号电缆

问题概况

×年×月×日×时×分，调度接×站报告，×线×站10个区段轨道电路红光带，立即组织车站、电务、工务检查处理。巡查发现×站×处街道办事处组织大型机械整治环境施工，将信号电缆压断。经电务部门紧急处理后恢复，中断上行线行车 1 小时 38 分钟、下行线行车 1 小时 47 分钟，影响客车 5 列、货车 3 列。现场情况如图 52 所示。

图 52

问题原因

×年×月，×站为改善和提升站区周边环境，协调×市×区×街道办事处，商请由街道对事发地块进行环境清理整治（清运渣土杂物、场地平整、地面硬化），街道办事处研究同意后，委托×建筑工程公司负责施工。事发当日上午，×站组织×街道办事处和×建筑工程公司召开专题会议研究整治施工方案，商定待×站按规定履行完邻近营业线施工审批手续，在铁路相关单位现场监护下，方可进行施工，且禁止使用大型机械。当日下午，施工方在未办理任何审批手续，未经铁路部门同意，既未通知铁路部门，也未通知街道办事处的情况下，擅自违规使用大型机械进场作业，将×线信号电缆压断。

安全警示

1. 建设施工单位或个人在邻近铁路营业线施工时要严格遵守《铁路安全管理条例》（国务院令第 639 号）第三十条“在铁路线路安全保护区内建造建筑物、构筑物等设施，取土、挖砂、挖沟、采空作业或者堆放、悬挂物品，应当征得铁路运输企业同意并签订安全协议”，五十二条“禁止实施危及铁路通信、信号设施安全的行为”等相关法规规定和铁路安全要求，属于邻近营业线施工的要依法依规办理相关审批手续，在铁路单位现场监护，确保铁路安全的前提下方可按施工计划进行施工作业。

2. 属地政府要落实《铁路安全管理条例》（国务院令第 639 号）第四条“落实护路联防责任制，防范和制止危及铁路安全的行为，协调和处理保障铁路安全的有关事项，做好保障铁路安全的有关工作”和《国务院办公厅转发交通运输部等单位关于加强铁路沿线安全环境治理工作意见的通知》（国办函〔2021〕49 号）“地方人民政府承担属地治理责任”的要求，在铁路沿线使用大型机械进行环境整治、绿化、拆违等施工作业时，要提前联合铁路单位进行现场踏勘，细化施工方案，经铁路单位同意后方可进行，严禁擅自盲目进场施工作业，防止发生挖断铁路信号、通信、供电等线缆问题，确保铁路安全。

3. 铁路单位要充分发挥巡防队伍力量，加大铁路沿线违法施工巡查力度，特别是铁路地界内、铁路线路安全保护区及邻近区域内大型机械施工，及时发现和制止违法施工行为，不听劝阻的要及时报告铁路公安和属地政府进行执法，确保铁路安全。

4. 铁路单位对移交给地方政府治理的邻近铁路的隐患问题，要联合相关铁路单位和属地政府、施工单位等共同踏勘现场，制定整治和施工方案，并与施工方签订安全协议。要密切追踪整治进展情况，协调铁路单位加强现场监护，确保铁路安全。

案例 2

村委会铺管挖土施工挖断通信电缆

问题概况

×年×月×日×时×分，×联络线×站至×站间通信中断，同时，×车站接到路外施工负责人电话，称其在×村铺设自来水管挖沟施工作业时挖断一根铁路电缆。经通信部门现场确认为×联络线通信电缆，倒接备用电缆后，于×时×分恢复，影响货车 2 列。现场情况如图 53 所示。

图 53

问题原因

×年×月×日，×省×市×县×镇×村委托×工程公司铺设自来水管道，村委会和工程公司未联系铁路单位，没有征得铁路部门同意并签订安全协议的情况下，擅自在×联络线安全保护区内挖沟（用于铺设自来水管道）作业，将铁路通信电缆挖断。

安全警示

1. 铁路沿线各建设和施工单位，要严格遵守《铁路安全管理条例》（国务院令第 639 号）第三十条“在铁路线路安全保护区内建造建筑物、构筑物等设施，取土、挖砂、挖沟、采空作业或者堆放、悬挂物品，应当征得铁路运输企业同意并签订安全协议”和五十二条“禁止实施危及铁路通信、信号设施安全的行为”等相关法规规定和铁路安全要求，依法依规提前将在铁路线路安全保护区内及邻近区域施工作业的计划方案，通报铁路相关单位审核同意，联合铁路单位现场踏勘并安全监护，严禁擅自盲目进场施工作业，属于邻近营业线施工的依法依规审批规范施工，确保方案和施工作业不危及铁路运输安全。

2. 属地政府要落实《铁路安全管理条例》（国务院令第 639 号）第四条“落实护路联防责任制，防范和制止危及铁路安全的行为，协调和处理保障铁路安全的有关事项，做好保障铁路安全的有关工作”和《国务院办公厅转发交通运输部等单位关于加强铁路沿线安全环境治理工作意见的通知》(国办函〔2021〕49号)"地方人民政府承担属地治理责任"的要求，加强铁路沿线施工管理，突出施工项目审批、施工方案审查、施工安全监管等各关键环节，属于邻近营业线施工和需要铁路部门配合监护的施工要督促建设和施工单位与铁路企业提前沟通并办理相关施工手续，严禁任何单位在铁路沿线擅自盲目非法施工，防止发生挖断铁路信号、通信、供电等线缆问题，确保铁路安全。

3. 铁路单位。一是要加强与铁路沿线属地政府、村委会日常联系，提前了解掌握计划在铁路沿线进行施工作业行为，加强安全风险研判和现场安全监护，确保施工不危及铁路安全。二是要充分发挥巡防队伍力量，及时发现并制止铁路地界内、铁路线路安全保护区及邻近区域内大型机械违法施工，不听劝阻的要及时报告铁路公安和属地政府进行执法，防止危及铁路安全。

案例 3

村委会退林还耕清理树根挖断通信电缆

问题概况

×年×月×日×时×分，×线×北站至×站间闭塞设备故障，经排查×线×处通信电缆被地方人员挖断，造成通信中断。×时×分经通信和电务部门处理后恢复，延时 7 小时 14 分钟，影响客车 4 列、货车 2 列。现场情况如图 54 所示。

图 54

问题原因

×年×月，×市×镇×村合作社有限公司委托×工程公司进行退林还耕施工时，未与铁路相关单位签订施工协议，也未通知铁路设备管理单位现场监护的情况下，擅自在铁路线路安全保护区内，违法使用挖掘机进行挖掘树根作业，将埋设在铁路线路路堤坡脚处的通信电缆挖断。

安全警示

1. 铁路沿线各级党委政府和施工单位在邻近铁路进行退林还耕过程中，要严格遵守《铁路安全管理条例》（国务院第639号）第三十条“在铁路线路安全保护区内建造建筑物、构筑物等设施，取土、挖砂、挖沟、采空作业或者堆放、悬挂物品，应当征得铁路运输企业同意并签订安全协议，遵守保证铁路安全的国家标准、行业标准和施工安全规范，采取措施防止影响铁路运输安全。铁路运输企业应当派员对施工现场实行安全监督”要求，要联合铁路单位进行现场踏勘，属于邻近营业线施工的依法依规办理相关手续，签订安全协议，加强安全监护，严禁擅自违法违规施工作业，严防危及铁路安全。

2. 属地政府要严格落实《国务院办公厅转发交通运输部等单位关于加强铁路沿线安全环境治理工作意见的通知》（国办函〔2021〕49号）“地方人民政府承担属地治理责任”的要求，部署退林还耕工程任务时要充分考虑与铁路的距离及对铁路安全的影响，在邻近铁路施工时要严格遵守铁路安全相关规定，要求施工企业联合铁路单位共同进行现场踏勘确认，办理邻近营业线或营业线施工手续，严禁野蛮施工影响铁路安全。

3. 铁路单位。一是要加强现场电缆标识规范管理，整治标识缺失、字迹不清、位置偏移、或被杂物掩盖遮挡等问题。二是要统筹巡防队伍作用加强巡查，及时发现并处置电缆径路违法施工行为，防止造成危害铁路安全后果。三是要加强与当地属地政府和村委会等联系沟通，及时掌握退林还耕工程涉及范围，提前进行宣传引导，强化邻近铁路施工作业盯控，确保铁路安全。

安全小启示

1. 铁路沿线各建设和施工单位，要严格遵守《铁路安全管理条例》（国务院令第639号）第三十条“在铁路线路安全保护区内建造建筑物、构筑物等设施，取土、挖砂、挖沟、采空作业或者堆放、悬挂物品，应当征得铁路运输企业同意并签订安全协议”和五十二条“禁止实施危及铁路通信、信号设施安全的行为”等相关法规规定和铁路安全要求，依法依规提前将在铁路线路安全保护区内及邻近区域施工作业的计划方案，通报铁路相关单位审核同意，联合铁路单位现场踏勘并安全监护，严禁擅自盲目进场施工作业，属于邻近营业线施工的依法依规审批规范施工，确保方案和施工作业不危及铁路运输安全。

2. 属地政府要严格落实《铁路安全管理条例》（国务院令第 639 号）第四条“落实护路联防责任制，防范和制止危及铁路安全的行为，协调和处理保障铁路安全的有关事项，做好保障铁路安全的有关工作”和《国务院办公厅转发交通运输部等单位关于加强铁路沿线安全环境治理工作意见的通知》（国办函〔2021〕49 号）“地方人民政府承担属地治理责任”的要求。一是要加强铁路沿线施工管理，突出施工项目审批、施工方案审查、施工安全监管等各关键环节，属于邻近营业线施工和需要铁路部门配合监护的施工要督促建设和施工单位与铁路企业提前沟通并办理相关施工手续，严禁任何单位在铁路沿线擅自盲目非法施工，防止发生挖断铁路信号、通信、供电等线缆问题，确保铁路安全。二是在部署退林还耕工程任务时要充分考虑与铁路的距离及对铁路安全的影响，在邻近铁路施工时要严格遵守铁路安全相关规定，要求施工企业联合铁路单位共同进行现场踏勘确认，办理邻近营业线或营业线施工手续，严禁野蛮施工影响铁路安全。三是在使用大型机械进行环境整治、绿化、拆违等施工作业时，要提前联合铁路单位进行现场踏勘，细化施工方案，经铁路单位同意后方可进行，严禁擅自盲目进场施工，防止发生挖断铁路信号、通信、供电等线缆问题，确保铁路安全。

3. 铁路单位。一是要加强现场电缆标识规范管理，整治标识缺失、字迹不清、位置偏移、或被杂物掩盖遮挡等问题。

二是要充分发挥巡防队伍力量，加大铁路沿线违法施工巡查力度，特别是铁路地界内、铁路线路安全保护区及邻近区域内大型机械施工，及时发现和制止违法砍伐树木、挖沙挖沟、违法吊装等违法施工行为，对不听劝阻的要及时报告铁路公安和属地政府进行执法，确保铁路安全。三是要加强与当地属地政府和村委会等联系沟通，及时了解掌握地方工程施工、退林还耕等项目涉及范围，提前进行宣传引导，强化邻近铁路施工作业盯控，确保铁路安全。四是对移交给地方政府治理的邻近铁路的隐患问题，要联合相关铁路单位和属地政府、施工单位等共同踏勘现场，制定整治和施工方案，并与施工方签订安全协议。要密切追踪整治进展情况，协调铁路单位加强现场监护，确保铁路安全。

4. 路地要加强铁路安全宣传教育活动，加大邻近铁路线缆径路违法施工案例宣传，提升铁路沿线属地政府、企业、村委会等铁路安全意识，从源头减少违法施工和挖断铁路线缆问题的发生。引导鼓励广大人民群众发现铁路沿线线缆径路上有违法施工时拨打铁路举报电话，积极营造共保铁路安全的社会环境。

第十二节　非法通行类

《铁路外部环境安全管理办法》（铁安监〔2020〕173号）规定：非法通行类，主要指私设非法道口和非法人行通道，非法进入铁路线路以及封闭站场等问题。

案例1

地方吊车违规通过道口刮碰钢轨至钢轨变形

问题概况

×年×月×日×时×分，×线×站至×站间×地方监护道口，一辆由东向西行驶的重型工程救险吊车，通过道口时剧烈摇晃并发出异响，道口监护员立即上前示意停车，吊车司机没有停车直接驶离了现场。道口监护员检查发现道口钢轨变形，在其不远处（钢轨外侧）有一圆形铁盘（后经确认为吊车右侧前部升降支腿底盘），监护员紧急按下故障报警器，封锁线路，经工务段整修后恢复，影响列车正常运行。现场情况如图 55 所示。

图 55

问题原因

×年×月×日，地方×工程公司的吊车司机，违反《中华人民共和国道路交通安全法》《铁路法》有关规定，驾驶重型吊车上路前未认真检查车辆安全状态，没有发现吊车右侧前部升降支腿未回升复位（回升到安全位置），驾驶吊车经过×线×地方监护道口时，升降支腿底部支撑盘刮碰钢轨后脱落，导致道口东侧钢轨弯曲，造成轨距、轨向及线路几何尺寸发生变化，危及行车安全。

安全警示

1. 机动车驾驶员在驾驶吊车等机动车通过铁路道口时，一是要严格执行《中华人民共和国道路交通安全法》第四十六条“机动车通过铁路道口时，应当按照交通信号或者管理人员的指挥通行；没有交通信号或者管理人员的，应当减速或者停车，在确认安全后通过”；二是要严格执行《道路交通安全法实施条例》（国务院令第639号）第四十六条“通过铁路道口，机动车最高行驶速度不得超过每小时30公里，其中拖拉机、电瓶车、轮式专用机械车不得超过每小时15公里”和第六十五条“机动车载运超限物品行经铁路道口的，应当按照当地铁路部门指定的铁路道口、时间通过”等相关规定；三是在开车上路前要认真检查重型吊车的安全状态，确认无异常后方可开车上路，在听到异音异响、感觉异常或道口监护员示意停车时要立即停车检查，防止问题升级，后果扩大。

2. 属地政府道口主管部门应加强对地方看护道口的安全管理，加强道口监护员业务培训，提升监护员通过大型车辆或满载超长超宽车辆安全意识，对存在安全突出风险的车辆应加强时时关注，发现风险隐患及时制止，确保道口设备安全和铁路行车安全。

3. 铁路单位要加强对地方监护道口的安全监管，加强道口员事故案例教育，提升道口监护员安全意识和处置能力，及时发现大型车辆安全风险，加强车辆通过时的过程监控，提高应急处置水平，确保铁路行车安全。

案例 2

机动车违法闯入道口与列车相撞

问题概况

×年×月×日×时×分，×次列车行至×线×处时，发现前方×铁路道口有 1 辆小汽车，立即采取紧急制动措施，停车过程中列车与机动车发生相撞。经相关部门紧急处理后开车，影响列车正常运行。现场情况如图 56 所示。

图 56

问题原因

×年×月×日×时×分，×社会人员持超过有效期的机动车驾驶证，违法驾驶机动车通过铁路道口时，未停车确认，撞开处于关闭状态的道口栏杆闯入道口，停于股道内。此时道口工正按规定在岗亭内面向列车进行接车作业，未能发现道口异常。×次列车已到达道口，司机发现道口异常虽立即采取紧急制动措施，但因距离过近造成停车过程中与机动车相撞。

安全警示

1. 机动车驾驶员。一是要遵守《中华人民共和国道路交通安全法》有关规定，驾驶机动车上路行驶时必须持有效期内且准驾车型相符的驾驶证。二是驾驶机动车通过铁路道口时要严格执行《中华人民共和国道路交通安全法》第四十六条“机动车通过铁路道口时，应当按照交通信号或者管理人员的指挥通行；没有交通信号或者管理人员的，应当减速或者停车，在确认安全后通过”和《道路交通安全法实施条例》（国务院令第639号）第四十六条“通过铁路道口，机动车最高行驶速度不得超过每小时30公里，其中拖拉机、电瓶车、轮式专用机械车不得超过每小时15公里”等相关规定，确保安全通过道口。

2. 属地政府交管部门要加强机动车驾驶人员宣传教育和交通执法，提升机动车驾驶员安全意识，依法安全驾驶、文明驾驶、科学驾驶，确保驾驶安全和铁路安全。

3. 铁路单位要加强铁路看守道口的安全监管，加强道口工教育培训，提升道口工安全意识和应急处置能力，确保铁路道口安全。

案例 3

汽车司机操作不当卡在道口与列车相撞

问题概况

×年×月×日×时×分，×次列车行至×线×站至×站间×处，司机发现前方×处×无人看守道口存在异常（道口内停有小汽车），立即采取紧急制动措施，停车过程中与汽车相撞。经紧急处理后恢复，影响列车正常运行。现场情况如图 57 所示。

图 57

问题原因

×年×月×日×时×分，社会人员驾驶小汽车行至×线×无人看守的铁路道口时，因超速行驶且操作不当，右前轮掉下铺面卡在枕木头处，车头侵入铁路限界。问题发生后，肇事司机未及时采取紧急措施拦停列车，也未报告铁路车站或铁路公安机关扣停列车，造成侵限机动车与列车相撞。

安全警示

1. 机动车驾驶员通过铁路道口时。一是要严格执行《中华人民共和国道路交通安全法》第四十六条“机动车通过铁路道口时，应当按照交通信号或者管理人员的指挥通行；没有交通信号或者管理人员的，应当减速或者停车，在确认安全后通过”和《道路交通安全法实施条例》（国务院令第639号）第四十六条“通过铁路道口，机动车最高行驶速度不得超过每小时30公里，其中拖拉机、电瓶车、轮式专用机械车不得超过每小时15公里”的相关规定，不得超速超载驾驶、分心驾驶、疲劳驾驶。二是要严格遵守《铁路安全管理条例》第四十八条“机动车或者非机动车在铁路道口内发生故障或者装载物掉落的，应当立即将故障车辆或者掉落的装载物移至铁路道口停止线以外或者铁路线路最外侧钢轨5米以外的安全地点。无法立即移至安全地点的，应当立即报告铁路道口看守人员；在无人看守道口，应当立即在道口两端采取措施拦停列车，并就近通知铁路车站或者公安机关”等相关规定，采取妥善的应急处置措施，防止引发铁路交通事故。

2. 公安交通执法部门要加大对超速超载、分心驾驶、疲劳驾驶等交通违法行为的查处和打击力度，在铁路道口设置增设红绿灯、加装视频监控，标划网格线等措施，营造铁路道口严肃的执法环境。

3. 铁路单位要加强铁路无人看守道口的安全监管，规范安设道口安全警示标志标识，及时整治消除非法道口，加强无人看守道口周边村庄、企业安全宣传，提升广大群众道口安全意识和应急能力。

案例 4

自卸货车操作不当翻斗升起刮坏行车设备

问题概况

×年×月×日×时×分，×线×站电力停电、接触网跳闸，×铁路道口处的电力线、供电限界门、接触网承力索和回流线被重型自卸货车翻斗刮坏，肇事车辆停于股道内。道口工立即采用遮断信号防护，并报告列车调度员扣停列车。经供电、工务、电务等部门联合紧急处理后恢复，影响列车正常运行。现场情况如图 58 所示。

图 58

问题原因

×年×月×日×时×分，地方×公司司机驾驶自卸货车行至×线×铁路道口时，由于操作不当，前举式翻斗升起，刮断道口南侧电力线、拽倒限界门立柱、刮断接触网承力索和回流线，道口工发现异状立即出场将重型自卸货车拦停。

安全警示

1. 自卸货车、载重汽车、小客车等各类机动车驾驶员。一是要严格遵守《中华人民共和国道路交通安全法》，在驾驶机动车上路行驶前，要对机动车的安全技术性能进行认真检查，不得驾驶安全设施不全或者机件不符合技术标准等存在安全隐患的机动车上路。二是通过铁路道口时要严格执行《中华人民共和国道路交通安全法》第四十六条“机动车通过铁路道口时，应当按照交通信号或者管理人员的指挥通行；没有交通信号或者管理人员的，应当减速或者停车，在确认安全后通过”的规定。三是要遵守《道路交通安全法实施条例》（国务院令第639号）第四十六条“通过铁路道口，机动车最高行驶速度不得超过每小时30公里，其中拖拉机、电瓶车、轮式专用机械车不得超过每小时15公里”等相关规定，确保安全通过道口。四是要遵守《铁路安全管理条例》第四十九条“履带车辆等可能损坏铁路设施设备的车辆、物体通过铁路道口，应当提前通知铁路道口管理单位，在其协助、指导下通过，并采取相应的安全防护措施”的规定。

2. 公安交通执法部门。一是要严格执行机动车检验标准，依法依规核发检验合格证，确保机动车质量合格、安全性能可靠。二是要加大对无证驾驶、超速超载、分心驾驶、疲劳驾驶和驾驶不合格机动车上路等交通违法行为的查处和打击力度。三是要在铁路道口设置增设红绿灯、加装视频监控，标划网格线等措施，营造铁路道口严肃的执法环境。

3. 铁路单位要加强铁路看守道口的安全监管，加强道口设备设施、标志标识的检查维护，加强道口工事故案例教育和应急演练，提升道口工的安全意识和应急处置能力，确保铁路道口安全。

安全小启示

1. 机动车所有人要按规定对机动车进行定期养护、维修和年检，申领合格证，确保车辆性能符合安全要求。

2. 机动车驾驶员。一是要按《中华人民共和国道路交通安全法》规定对驾驶证进行定期审验更换。二是要严格遵守《中华人民共和国道路交通安全法》，在驾驶机动车上道行驶前，要对机动车的安全技术性能进行认真检查，不得驾驶安全设施不全或者机件不符合技术标准等存在安全隐患的机动车上路。三是通过铁路道口时要严格执行《中华人民共和国道路交通安全法》第四十六条“机动车通过铁路道口时，应当按照交通信号或者管理人员的指挥通行；没有交通信号或者管理人员的，应当减速或者停车，在确认安全后通过”的规定。四是要遵守《道路交通安全法实施条例》（国务院令第639号）第四十六条“通过铁路道口，机动车最高行驶速度不得超过每小时30公里，其中拖拉机、电瓶车、轮式专用机械车不得超过每小时15公里”等相关规定，确保安全通过道口。五是要严格遵守《铁路安全管理条例》第四十八条“机动车或者非机动车在铁路道口内发生故障或者装载物掉落的，应当立即将故障车辆或者掉落的装载物移至铁路道口停止线以外或者铁路线路最外侧钢轨5米以外的安全地点。无法立即移至安全地点的，应当立即报告铁路道口看守人员；在无人看守道口，应当立即在道口两端采取措施拦停列车，并就近通知铁路车站或者公安机关”和第四十九条“履带车辆等可能损坏铁路设施设备的车辆、物体通过铁路道口，应当提前通知铁路道口管理单位，在其协助、指导下通过，并采取相应的安全防护措施”等相关规定，确保铁路安全。

3. 属地政府道口主管部门要加强对地方看护道口日常检查监管，加强道口监护员业务培训，提高道口监护员安全意识，通过超宽、超长、超高、超重或装载货物绑扎不牢等车辆时加强关注监护，发现物体掉落、车辆故障等异常情况，及时采取应急措施妥善处置，防止影响行车运输安全和秩序。

4. 公安交通执法部门。一是要严格执行机动车检验标准，依法依规核发检验合格证，确保机动车质量合格、安全性能可靠。二是要加大对无证驾驶、超速超载、分心驾驶、疲劳驾驶和驾驶不合格机动车上路等交通违法行为的查处和打击力度。三是要在铁路道口设置增设红绿灯、加装视频监控，标划网格线等措施，营造铁路道口严肃的执法环境。四是要加强对汽车驾驶员的培训教育，通过铁路道口存在可能损坏铁路设施设备的，应当提前通知铁路道口管理单位，在其协助、指导并采取相应的安全防护措施下，安全通过。

5. 铁路单位要加强对有人员看护道口的安全监管，加强道口事故案例教育，提升道口监护人员安全意识和突发紧急情况应急处置能力，确保铁路行车安全。要加强对经常发生非法通行处所设置警示标志，加强技防、物防建设，提升安全防护能力。

6. 铁路单位要联合地方政府加强铁路沿线铁路安全宣传提示，提升沿线广大群众铁路道口安全意识，确保铁路运输安全和广大群众的生命财产安全。

第十三节　非法烧荒类

《铁路外部环境安全管理办法》（铁安监〔2020〕173 号）规定：非法烧荒类，主要指在铁路线路安全保护区内烧荒问题。

案例 1

铁路线路安全保护区非法烧荒影响行车

问题概况

×年×月×日×时×分，×线×次列车行至×处，司机发现×高铁下行×桥下起火，本列正常通过，立即汇报列车调度员。调度员通知×工务段进行处置，×时×分×车间拨打火警电话报警，×时×分属地消防队 2 辆消防车到达现场开始灭火，×时×分明火被扑灭，工务、电务人员检查设备正常，影响动组车正常运行。现场情况如图 59 所示。

图 59

问题原因

×高铁途经×省×市×县×镇×村，高铁两侧为当地农田及坟场，周边杂草丛生，×年×月×日×时，有人在距高铁护网外 130 米处非法用火，引燃农田秸秆及周围杂草，火势在风力作用下，沿农田水渠蔓延至高铁桥下，护网内杂草被引燃（过火面积长 50 米、宽 13 米）。

安全警示

1. 铁路沿线村民及所有人员要严格遵守《铁路安全管理条例》（国务院令 639 号）第二十九条“禁止在铁路线路安全保护区内烧荒、放养牲畜、种植影响铁路线路安全和行车瞭望的树木等植物”、《中华人民共和国大气污染防治法》第七十七条“省、自治区、直辖市人民政府应当划定区域，禁止露天焚烧秸秆、落叶等产生烟尘污染的物质”和地方人民政府禁火令等相关法规规定，严禁在铁路沿线铁路线路安全保护区及周边违法烧荒开垦、焚烧秸秆。

2. 属地政府要落实《铁路安全管理条例》（国务院令第639号）第四条“落实护路联防责任制，防范和制止危及铁路安全的行为，协调和处理保障铁路安全的有关事项，做好保障铁路安全的有关工作”和《国务院办公厅转发交通运输部等单位关于加强铁路沿线安全环境治理工作意见的通知》（国办函〔2021〕49号）“地方人民政府承担属地治理责任”等相关规定，加大对铁路沿线违法烧荒、违法用火等行为的打击力度，确保铁路运输安全。

3. 铁路单位。一是要统筹发挥巡防队伍作用，加强铁路沿线可燃物、易燃物巡查管控，精准掌握铁路沿线烧荒多发线路和重点区段，及时发现和制止违法烧荒行为。二是要主动采取可燃物清理、打防火隔离带等主动防控措施提高防火能力。三是要联合地方政府通过张贴宣传告示等多种方式加强防火宣传，提升沿线广大人民群众防火意识，从源头减少违法烧荒行为的发生。

案例 2

祭祀引燃杂草蔓延至铁路影响行车

问题概况

×年×月×日×时×分，×线×站车站值班员通过视频检查发现，×线×站至×站间下行×处线路旁杂草着火，火势较大，影响上下行列车运行，立即报告调度员扣停列车并拨打火警电话报警。经属地消防部门灭火、铁路单位检查设备正常后，于×时×分恢复，影响货车 4 列。现场情况如图 60 所示。

图 60

问题原因

×铁路途经×省×市×县×镇×村，铁路邻近×村坟地，周边有大面积荒地，×年×月×日，当地村民在距铁路 30 米处上坟祭祀时不慎引燃杂草，火势沿铁路边深沟内杂草蔓延至铁路边，影响上下行线行车。

安全警示

1. 铁路沿线村民要认真遵守《铁路安全管理条例》（国务院令 639 号）第二十九条“禁止在铁路线路安全保护区内烧荒、放养牲畜、种植影响铁路线路安全和行车瞭望的树木等植物”等相关法规规定，清明时节铁路沿线安全保护区及周边祭祀时采取安全措施，严禁火星飞溅引燃周边荒草引发火灾，危及铁路行车安全。

2. 属地政府要落实《铁路安全管理条例》（国务院令第 639 号）第四条“落实护路联防责任制，防范和制止危及铁路安全的行为，协调和处理保障铁路安全的有关事项，做好保障铁路安全的有关工作”和《国务院办公厅转发交通运输部等单位关于加强铁路沿线安全环境治理工作意见的通知》（国办函〔2021〕49 号）“地方人民政府承担属地治理责任”等相关规定，加强移风易俗宣传教育和管控，引导铁路沿线居民安全祭祀，确保铁路运输安全。

3. 铁路单位。一是要统筹发挥巡防队伍作用，加强铁路沿线可燃物、易燃物巡查管控，精准掌握铁路沿线烧荒多发线路和重点区段，特别是清明节等祭祀重点时期的火情风险防控。二是要主动采取可燃物清理、打防火隔离带等主动防控措施提高防火能力。三是要联合地方政府通过张贴宣传告示等多种方式加强防火宣传，提升沿线广大人民群众祭祀期间防火意识，从源头减少违法烧荒行为的发生。

案例 3

违法烧荒蔓延至铁路护坡影响行车

问题概况

×月×日×时×分，×线×次单机行至×站至×站间上行线×处时，司机发现运行方向左侧护坡杂草着火（过火面积 3 000 平方米，最近处距路肩 2 米），立即采取停车避险措施，并向×站汇报（车站通知工务现场处置）。经×工务部门灭火后恢复，影响本列及货车 2 列。现场情况如图 61 所示。

图 61

问题原因

×年×月×日，当地村民在×线×站至×站间铁路沿线违法烧荒，荒火蔓延至×线×处，将路基边坡杂草引燃，最近处距线路路肩仅2米。

安全警示

1. 铁路沿线村民要认真遵守《铁路安全管理条例》（国务院令639号）第二十九条“禁止在铁路线路安全保护区内烧荒、放养牲畜、种植影响铁路线路安全和行车瞭望的树木等植物”、《中华人民共和国大气污染防治法》第七十七条“省、自治区、直辖市人民政府应当划定区域，禁止露天焚烧秸秆、落叶等产生烟尘污染的物质”和地方人民政府禁火令等相关法规规定，严禁春耕、秋播时在铁路沿线铁路线路安全保护区及周边违法烧荒开垦、秸秆焚烧。

2. 属地政府要落实《铁路安全管理条例》（国务院令第639号）第四条“落实护路联防责任制，防范和制止危及铁路安全的行为，协调和处理保障铁路安全的有关事项，做好保障铁路安全的有关工作”和《国务院办公厅转发交通运输部等单位关于加强铁路沿线安全环境治理工作意见的通知》（国办函〔2021〕49号）“地方人民政府承担属地治理责任”等相关规定，加大对违法烧荒行为的打击力度，确保铁路运输安全。

3. 铁路单位要加强日常巡视检查，掌握沿线烧荒易发多发重点线路和重点区段，及时发现和制止违法烧荒行为，主动采取清理防火隔离带等防火措施，联合地方政府结合季节特点加强宣传引导，提升沿线广大人民群众对违法烧荒严重危害性的认识，从源头减少违法烧荒行为的发生。

案例 4

焚烧垃圾引燃杂草蔓延至铁路影响行车

问题概况

×年×月×日，×次列车行至×线×站至×站间上行线×处，司机发现线路前方左侧护坡杂草着火，火苗和浓烟飘向线路，立即采取紧急停车措施并向车站汇报，车站立即扣停后续列车，通知工务部门协调处理。×时×分，经工务部门和地方消防人员共同处理明火熄灭后恢复，中断行车 57 分钟，影响货车 12 列。现场情况如图 62 所示。

图 62

问题原因

经公安、消防部门现场调查认定，起火原因为当地村民在×线×处，距线路×米处焚烧生活垃圾时不慎引燃杂草，火势蔓延至铁路护网内引燃杂灌。

安全警示

1. 铁路沿线村民要认真遵守《铁路安全管理条例》（国务院令 639 号）第二十九条“禁止在铁路线路安全保护区内烧荒、放养牲畜、种植影响铁路线路安全和行车瞭望的树木等植物”等相关法规规定和地方人民政府禁火令，不得在铁路沿线违法焚烧垃圾，防止引发火灾影响铁路安全。

2. 属地政府要落实《铁路安全管理条例》（国务院令第 639 号）第四条“落实护路联防责任制，防范和制止危及铁路安全的行为，协调和处理保障铁路安全的有关事项，做好保障铁路安全的有关工作”和《国务院办公厅转发交通运输部等单位关于加强铁路沿线安全环境治理工作意见的通知》（国办函〔2021〕49 号）“地方人民政府承担属地治理责任”等相关规定，加大冬春防火宣传和对违法焚烧垃圾行为的打击力度，减少铁路沿线火情，确保铁路安全。

3. 铁路单位要加强日常巡视检查，全面掌握铁路沿线着火烧荒易发多发重点线路和重点区段，主动设置防火隔离带，及时发现和处置初期火情，联合地方政府加强防火宣传，提升沿线广大人民群众对违法烧荒或焚烧垃圾危害性认识，从源头减少火情的发生。

安全小启示

1. 铁路沿线村民要认真遵守《铁路安全管理条例》（国务院令639号）第二十九条“禁止在铁路线路安全保护区内烧荒、放养牲畜、种植影响铁路线路安全和行车瞭望的树木等植物”、《中华人民共和国大气污染防治法》第七十七条“省、自治区、直辖市人民政府应当划定区域，禁止露天焚烧秸秆、落叶等产生烟尘污染的物质”和地方人民政府禁火令等相关法规规定，不断提高消防安全意识，严禁春耕、秋播时在铁路沿线铁路线路安全保护区及周边违法烧荒开垦或焚烧秸秆、垃圾，严禁在铁路沿线采用焚烧方式祭祀，严禁在铁路桥下及铁路线路安全保护区内倾倒或堆放可燃物，确保运输安全。

2. 属地政府要落实《铁路安全管理条例》（国务院令第639号）第四条“落实护路联防责任制，防范和制止危及铁路安全的行为，协调和处理保障铁路安全的有关事项，做好保障铁路安全的有关工作”和《国务院办公厅转发交通运输部等单位关于加强铁路沿线安全环境治理工作意见的通知》（国办函〔2021〕49号）“地方人民政府承担属地治理责任”等相关规定，及时组织清理铁路沿线各种易燃物，加大对违法烧荒行为或焚烧秸秆、垃圾的打击力度，确保铁路运输安全。

3. 铁路单位要加强沿线非法烧荒巡视检查，特别是春节、清明等特殊时期的检查，遇大风恶劣天气要安排专人对春耕、坟地等重点地段巡查，及时发现和处置非法烧荒行为，确保铁路安全。要加强地界内可燃物的清理，特别是路基边坡、地界内枯草、杂树清理，减少火情对铁路运输的干扰。

4. 铁路单位要联合属地政府要加强铁路沿线消防安全警示教育，不断提升铁路沿线群众的防火意识，避免或减少烧荒行为。引导鼓励广大人民群众发现铁路沿线非法烧荒时拨打铁路举报电话，及时处置违法烧荒隐患，共保铁路运输安全。

第十四节　放养牲畜类

《铁路外部环境安全管理办法》（铁安监〔2020〕173号）规定：放养牲畜类，主要指在铁路线路安全保护区内放养牲畜问题。

案例1

驮队骡马管控不严进入线路影响行车

问题概况

×年×月×日×时×分，×次行至×站至×东站间×处，司机发现运行前方有一群牲畜，立即采取紧急停车措施，在制动停车过程中与牲畜发生相撞，×时×分列车停于区间×千米×米处，停车后司机立即报告×站，司机下车检查发现司机侧脚蹬板变形，Ⅱ端列车管折角塞门处断裂，机车六轴左侧下方有被撞牲畜，×时×分司机请求救援，救援后×时×分开。中断铁路行车 1 小时 58 分钟，影响本列及货车 8 列。现场情况如图 63 所示。

图 63

问题原因

由于当地施工单位和雇用驮队对大型牲畜安全管理不善所致。该牲畜为×公司雇用驮队，主要为森林防火监控后期供电项目运送施工材料，该项目为×单位项目。×公司是为该项目供应基础设施建设工程（供电设备）单位，×工程劳务公司为该项目施工方。事发当日中午时分，驮队人员在暂住地屋内吃饭，10 匹骡子在屋外吃料。下午事发前不久，驮队人员发现有 6 匹骡子不见了，找到附近的铁路上时，发现 6 匹骡子已经被火车撞死。

安全警示

1. 铁路沿线大型牛、骡马等养殖户和运输使用人员要严格遵守《铁路安全管理条例》（国务院令 639 号）第二十九条

“禁止在铁路线路安全保护区内烧荒、放养牲畜、种植影响铁路线路安全和行车瞭望的树木等植物”等相关法规规定，不得在铁路线路安全保护区内放养牲畜，日常要加强安全管理，确保严格管控，严防大牲畜脱圈脱管，跑上铁路线路。

2. 属地政府要落实《铁路安全管理条例》（国务院令第639号）第四条“落实护路联防责任制，防范和制止危及铁路安全的行为，协调和处理保障铁路安全的有关事项，做好保障铁路安全的有关工作”和《国务院办公厅转发交通运输部等单位关于加强铁路沿线安全环境治理工作意见的通知》（国办函〔2021〕49号）“地方人民政府承担属地治理责任”等相关规定，日常加强铁路沿线大牲畜上线安全宣传和养殖或使用有效监管，禁止到铁路线上和铁路线路安全保护区内放养牲畜，加大违法行为打击力度，确保铁路安全。

3. 铁路单位要加大铁路沿线2.5千米范围内养殖户排查，加强临时沿线临时使用大型牲畜运输等新情况，掌握牲畜规模和产权人情况底数并签订安全管理协议，要加大沿线非法放养牲畜隐患巡查，及时发现和制止铁路线上和铁路线路安全保护区内违法放牧等行为。

案例 2

羊群管控不严上线影响行车

问题概况

×年×月×日×时×分，×次列车行至×线×站至×站间下行线×处，司机发现运行前方线路上（非封闭线路）有羊群，立即鸣笛并采取紧急停车措施。列车停车过程中与羊群相撞，造成 34 只羊死亡，中断行车 41 分钟，影响列车正常运行。现场情况如图 64 所示。

图 64

问题原因

×省×市×区×村村民，在距×线铁路线路南侧1千米自家地里建圈养羊。×年×月×日，圈养的羊拱开圈门（没有关严锁死），跑上铁路线路，与列车相撞，造成多只羊死亡，影响列车正常运行。

安全警示

1. 铁路沿线羊、牛、马、驴等养殖户要严格遵守《铁路安全管理条例》（国务院令639号）第二十九条“禁止在铁路线路安全保护区内烧荒、放养牲畜、种植影响铁路线路安全和行车瞭望的树木等植物”等相关法规规定，不得在铁路线路安全保护区内放养牲畜，日常要加强圈舍安全管理，确保圈舍牢固，圈门严实，严防大牲畜脱圈，跑上铁路线路。

2. 属地政府要落实《铁路安全管理条例》（国务院令第639号）第四条“落实护路联防责任制，防范和制止危及铁路安全的行为，协调和处理保障铁路安全的有关事项，做好保障铁路安全的有关工作”和《国务院办公厅转发交通运输部等单位关于加强铁路沿线安全环境治理工作意见的通知》（国办函〔2021〕49号）“地方人民政府承担属地治理责任”等相关规定，日常加强铁路沿线养殖户安全宣传和有效监管，禁止养殖户到铁路线上和铁路线路安全保护区内放养牲畜，加大违法行为打击力度，确保铁路安全。

3. 铁路单位要加大铁路沿线 2.5 千米范围内养殖户排查，掌握养殖牲畜规模和产权人情况底数并签订安全管理协议，要加大沿线非法放养牲畜隐患巡查，及时发现和制止铁路线上和铁路线路安全保护区内违法放牧行为。

案例 3

违法在安全保护区内放牧致山羊上线影响行车

问题概况

×年×月×日×时×分，×次列车行至×高铁×站至×线路所间上行线×处，司机发现运行前方道心有一只羊，立即采取减速停车措施并报告列车调度员，×时×分停于×处（未撞上），检查无异常后×时×分开，调度员通知后续上下行列车注意观察，工务临时要点上线将羊带离，影响动车组 19 列。现场情况如图 65 所示。

图 65

问题原因

×省×市×县养殖户在距×高铁1千米家中饲养22只山羊，并经常在高铁护栏外（线路安全保护区内）放牧羊群。×年×月×日，养殖户在高铁安全保护区内放羊时，一只山羊由高铁上行线左侧混凝土护栏下部的孔洞（雨水冲刷形成，长0.6米、高0.2米）钻入护栏进入高铁线路，影响动车组列车。

安全警示

1. 铁路沿线养殖户要严格遵守《铁路安全管理条例》（国务院令639号）第二十九条“禁止在铁路线路安全保护区内烧荒、放养牲畜、种植影响铁路线路安全和行车瞭望的树木等植物”等相关规定，不得在铁路线上和铁路线路安全保护区内放养牲畜，严防羊等牲畜跑上铁路线路。

2. 属地政府要落实《铁路安全管理条例》（国务院令第639号）第四条“落实护路联防责任制，防范和制止危及铁路安全的行为，协调和处理保障铁路安全的有关事项，做好保障铁路安全的有关工作”和《国务院办公厅转发交通运输部等单位关于加强铁路沿线安全环境治理工作意见的通知》（国办函〔2021〕49号）“地方人民政府承担属地治理责任”等相关规定，加强辖区内铁路沿线养殖户安全宣传和安全监管，要求养殖户禁止到铁路线上和铁路线路安全保护区内放养牲畜，加大对违法放养行为的打击力度，确保铁路安全。

3. 铁路单位。一是要加强高铁和封闭线路护网状态的巡视检查，及时发现和处置护网开口、狼窝陷穴等封闭不严问题。二是要加强对铁路沿线 2.5 千米范围内养殖户排查，掌握养殖牲畜规模和产权人情况底数情况，加大沿线非法放养牲畜隐患巡查，及时发现和处置铁路线上和铁路线路安全保护区内违法放牧行为。

案例 4

羊群跑上线路影响行车

问题概况

×年×月×日×时×分，×次列车行至×线×站至×站间，司机发现运行前方线路上（非封闭线路）有一群羊，立即鸣笛并采取紧急制动停车措施，列车在停车过程中与羊群发生相撞（撞死 23 只，撞伤 2 只），列车于×时×分停于×处。经司机、工务等处理后恢复，影响本列及货车多列。现场情况如图 66 所示。

图 66

问题原因

×省×市×县×镇×村养殖户，在距×铁路线500米处建圈养羊。×年×月×日×时，羊群从破损的羊圈跑出，跑到铁路线路上，被列车撞轧。

安全警示

1. 铁路沿线养羊户要认真遵守《铁路安全管理条例》（国务院令639号）第二十九条“禁止在铁路线路安全保护区内烧荒、放养牲畜、种植影响铁路线路安全和行车瞭望的树木等植物”等相关法规规定，不得在铁路线上和铁路线路安全保护区内放养牲畜，日常加强羊群和羊圈安全管理，确保养殖圈舍牢固可靠，严防羊群跑到铁路线上。

2. 属地政府要落实《铁路安全管理条例》（国务院令第639号）第四条“落实护路联防责任制，防范和制止危及铁路安全的行为，协调和处理保障铁路安全的有关事项，做好保障铁路安全的有关工作”和《国务院办公厅转发交通运输部等单位关于加强铁路沿线安全环境治理工作意见的通知》（国办函〔2021〕49号）“地方人民政府承担属地治理责任”等相关规定，加强铁路沿线养殖户安全宣传和安全监管，要求养殖户禁止到铁路线上和铁路线路安全保护区内放养牲畜并与铁路单位签订安全管理协议，加大违法放养行为打击力度，确保铁路安全。

3. 铁路单位要加大铁路沿线2.5千米范围内养殖户排查，

掌握养殖牲畜规模和产权人情况底数，加大沿线非法放养牲畜隐患巡查，及时发现和处置铁路线上和铁路线路安全保护区内违法放牧行为。

安全小启示

1. 铁路沿线羊、牛、骡、马、驴等养殖户要严格遵守《铁路安全管理条例》（国务院令 639 号）第二十九条“禁止在铁路线路安全保护区内烧荒、放养牲畜、种植影响铁路线路安全和行车瞭望的树木等植物”等相关规定，不得在铁路线路安全保护区内放养牲畜，要加强圈舍安全管理，确保圈舍牢固，圈门严实，严防大牲畜脱圈，跑上铁路线路。

2. 属地政府要落实《铁路安全管理条例》（国务院令第 639 号）第四条“落实护路联防责任制，防范和制止危及铁路安全的行为，协调和处理保障铁路安全的有关事项，做好保障铁路安全的有关工作”和《国务院办公厅转发交通运输部等单位关于加强铁路沿线安全环境治理工作意见的通知》（国办函〔2021〕49 号）“地方人民政府承担属地治理责任”等相关规定，加强辖区内铁路沿线养殖户安全管理，要求养殖户禁止到铁路线上和铁路线路安全保护区内放养牲畜并与铁路单位签订安全管理协议，要加大违法放养行为打击力度，确保铁路安全。

3. 铁路单位。一是要加强高铁和封闭线路护网状态的巡视检查，及时发现和处置护网开口、狼窝陷穴等封闭不严问题。二是要加大铁路沿线 2.5 千米范围内养殖户排查，掌握养殖牲畜情况底数，签订安全管理协议，加强沿线放养牲畜隐患巡查，督促养殖户做好日常安全管理，及时发现和处置铁路沿线违法放养行为，确保铁路安全。

4. 路地要加强铁路沿线违法放养牲畜的安全宣传教育，不断提升铁路沿线群众的安全意识，避免或减少违法放养行为。引导和鼓励广大人民群众在发现铁路线路安全保护区内违法放牧时拨打铁路举报电话，及时处置违法放养隐患，共保铁路运输安全。

第二章

外部环境安全知识

第一节　各类环境隐患管控

第一类

违法施工类

1. 问题管控重点：未经审批同意，非法在铁路线路安全保护区内取土、挖砂、挖沟、下穿上跨施工、采空作业等，以及在邻近铁路线路区域非法施工、上跨、下穿管线等。

2. 主要安全风险：未经审批、没有计划、无人监控的施工，可能会挖断铁路电力、通信、信号电缆，造成铁路行车中断；可能会造成路基塌方；可能会造成设备设施基础破坏。如不及时发现，更可能会造成列车脱轨等恶性事故。

3. 基本整治方法：加强铁路安全普法宣传，提高沿线企事业单位、人民群众铁路安全意识；同时，铁路站段要加强巡视检查，及时发现和制止违法施工行为。履行规定程序、保证安全的情况下后方可继续。

4. 主要法规标准：

（1）《铁路法》

第四十六条　在铁路线路和铁路桥梁、涵洞两侧一定距离内，修建山塘、水库、堤坝，开挖河道、干渠，采石挖砂，打井取水，影响铁路路基稳定或者危害铁路桥梁、涵洞安全的，由县级以上地方人民政府责令停止建设或者采挖、打井等活动，限期恢复原状或者责令采取必要的安全防护措施。

（2）《铁路安全管理条例》（国务院令第639号）

第四条　铁路沿线地方各级人民政府和县级以上地方人民政府有关部门应当按照各自职责，加强保障铁路安全的教育，落实护路联防责任制，防范和制止危害铁路安全的行为，协调和处理保障铁路安全的有关事项，做好保障铁路安全的有关工作。

第七条　禁止扰乱铁路建设、运输秩序。禁止损坏或者非法占用铁路设施设备、铁路标志和铁路用地。

第三十条　在铁路线路安全保护区内建造建筑物、构筑物等设施，取土、挖砂、挖沟、采空作业或者堆放、悬挂物品，应当征得铁路运输企业同意并签订安全协议，遵守保证铁路安全的国家标准、行业标准和施工安全规范，采取措施防止影响铁路运输安全。铁路运输企业应当派员对施工现场实行安全监督。

第四十五条　架设、铺设铁路信号和通信线路、杆塔应当符合国家标准、行业标准和铁路安全防护要求。铁路运输企业、为铁路运输提供服务的电信企业应当加强对铁路信号和通信线路、杆塔的维护和管理。

第五十二条　禁止实施下列危及铁路通信、信号设施安全的行为：

（一）在埋有地下光（电）缆设施的地面上方进行钻探，堆放重物、垃圾，焚烧物品，倾倒腐蚀性物质；

（二）在地下光（电）缆两侧各1米的范围内建造、搭建建筑物、构筑物等设施；

（三）在地下光（电）缆两侧各1米的范围内挖砂、取土；

（四）在过河光（电）缆两侧各100米的范围内挖砂、抛锚或者进行其他危及光（电）缆安全的作业。

第五十三条　禁止实施下列危害电气化铁路设施的行为：

（三）攀登铁路电力线路杆塔或者在杆塔上架设、安装其他设施设备；

（四）在铁路电力线路杆塔、拉线周围20米范围内取土、打桩、钻探或者倾倒有害化学物品；

（五）触碰电气化铁路接触网。

第八十九条　未经铁路运输企业同意或者未签订安全协

议，在铁路线路安全保护区内建造建筑物、构筑物等设施，取土、挖砂、挖沟、采空作业或者堆放、悬挂物品，或者违反保证铁路安全的国家标准、行业标准和施工安全规范，影响铁路运输安全的，由铁路监督管理机构责令改正，可以处10万元以下的罚款。铁路运输企业未派员对铁路线路安全保护区内施工现场进行安全监督的，由铁路监督管理机构责令改正，可以处3万元以下的罚款。

（3）《北京市铁路沿线安全管理规定》（北京市人民政府令第308号）

第十三条　铁路线路安全保护区与公路建筑控制区、轨道交通安全保护区、河道管理范围、水利工程管理和保护范围、航道保护范围或者石油、电力以及其他重要设施保护区重叠的，各相关部门和单位应当建立安全保护沟通联动机制，制定安全防护方案，落实安全保护措施。

第十四条　在铁路线路安全保护区内，修建上跨、下穿、并行铁路的桥梁、涵洞、道路，铺设供水、油气输送等管道或者光（电）缆设施，架设电力、通信线路，或者开展地质钻探、架设杆塔等建设施工作业的，应当征得铁路运输企业同意并签订安全管理协议，遵守保证铁路安全的相关标准和施工安全规范，采取措施防止影响铁路安全。

铁路运输企业应当公布实施前款建设施工作业的受理渠道、办理条件、办理程序和时限等内容，派员对施工现场进行安全监督，对建设施工作业危及铁路安全的，铁路运输企业应当立即制止，建设施工作业相关单位和人员应当采取安全防护措施；难以制止的，应当及时报告铁路监督管理机构、公安机关或者所在区人民政府依法处理。情况紧急严重危及铁路安全时，铁路运输企业可以先行采取应急处置措施，由此产生的费用由责任人承担。

铁路运输企业应当积极配合有关部门和单位开展跨越、穿越铁路线路的建设施工、检查维护等工作。

第十七条　在铁路隧道上方中心线两侧各二百米范围内，进行新建山塘、水库、堤坝，开挖河道、干渠，打井取水，钻探、采空等可能影响隧道安全的施工作业，应当在开工前与铁路运输企业协商一致并签订安全协议，采取措施防止危及铁路安全。

(4)《山东省铁路安全管理条例》

第二十三条　铁路隧道结构外、地下车站结构外沿线向外五十米的区域，一并纳入铁路线路安全保护区范围。

第三十一条　产权不清或者管理主体不明的上跨铁路的桥梁、渡槽、管线和下穿铁路的涵洞等设施，由当地县级人民政府组织有关部门与铁路运输企业予以拆除；不能拆除的，由当地县级人民政府有关部门指定维护管理单位，落实安全管理责任。

第三十三条　对铁路沿线既有的已取得许可、但是不符合安全防护距离要求的管道或者其他设施、设备，当地县级人民政府有关部门应当进行重点监管，并按照国家有关规定进行安全评价，有关产权人或者使用人应当根据评价结果采取必要安全措施；经评价无法保证安全的，由县级人民政府有关部门责令产权人或者使用人立即停止使用相关设施、设备。

第二类

危险物品类

1. 问题管控重点：在铁路沿线两侧不符合国家标准、行业标准规定的安全防护距离情况下，建造、设立生产加工储存或者销售易燃、易爆或者放射性物品等危险物品场所、仓库。

2. 主要安全风险：未经审批或不符合国家标准、行业标准规定的安全防护距离的危险物品生产、储运场所，当发生火灾、爆炸等险情时，会危及铁路线路和设备设施安全，不及时整治，可能会造成严重后果。

3. 基本整治方法：加强铁路安全普法宣传，提高沿线企事业单位、人民群众铁路安全意识。同时，铁路站段要加强巡视检查，及时发现和制止隐患问题，确保铁路安全。

4. 主要法规标准：

（1）《铁路法》

第四十六条　在铁路线路和铁路桥梁、涵洞两侧一定距离内，修建山塘、水库、堤坝，开挖河道、干渠，采石挖砂，打井取水，影响铁路路基稳定或者危害铁路桥梁、涵洞安全的，由县级以上地方人民政府责令停止建设或者采挖、打井等活动，限期恢复原状或者责令采取必要的安全防护措施。在铁路线路上架设电力、通讯线路，埋置电缆、管道设施，穿凿通过铁路路基的地下坑道，必须经铁路运输企业同意，并采取安全防护措施。

（2）《铁路安全管理条例》（国务院令第639号）

第三十三条　在铁路线路两侧建造、设立生产、加工、储存或者销售易燃、易爆或者放射性物品等危险物品的场所、仓库，应当符合国家标准、行业标准规定的安全防护距离。

第九十条　在铁路线路安全保护区及其邻近区域建造或者设置的建筑物、构筑物、设备等进入国家规定的铁路建筑限界，或者在铁路线路两侧建造、设立生产、加工、储存或者销售易燃、易爆或者放射性物品等危险物品的场所、仓库不符合国家标准、行业标准规定的安全防护距离的，由铁路监督管理机构责令改正，对单位处5万元以上20万元以下的罚款，对个人处1万元以上5万元以下的罚款。

（3）《危险化学品安全管理条例》（国务院令第591号，2011年修订）

第十九条　危险化学品生产装置或者储存数量构成重大危险源的危险化学品储存设施（运输工具加油站、加气站除外），与下列场所、设施、区域的距离应当符合国家有关规定：

（四）车站、码头（依法经许可从事危险化学品装卸作业的除外）、机场以及通信干线、通信枢纽、铁路线路、道路交通干线、水路交通干线、地铁风亭以及地铁站出入口。

已建的危险化学品生产装置或者储存数量构成重大危险源的危险化学品储存设施不符合前款规定的，由所在地设区的市级人民政府安全生产监督管理部门会同有关部门监督其所属单位在规定期限内进行整改；需要转产、停产、搬迁、关闭的，由本级人民政府决定并组织实施。

（4）《建筑设计防火规范》（GB 50016—2014）

4.3.6　可燃、助燃气体储罐与铁路、道路的防火间距：距厂外铁路线中心线 25 m；厂内铁路线中心线 20 m；

4.5.3　露天、半露天秸秆、芦苇、打包废纸等材料堆场与铁路、道路的防火间距：距厂外铁路线中心线 30 m；厂内铁路线中心线 20 m。

（5）《危险化学品经营企业安全技术基本要求》（GB 18265—2019）

适用范围：本标准适用于危险化学品经营企业的危险化学品仓库、危险化学品商店的选址、建设、安全设施的安全技术基本要求。

4　危险化学品仓库安全技术基本要求

4.1.2　危险化学品仓库防火间距应按 GB 50016 的规定执行。危险化学品仓库与铁路安全防护距离，与公路、广播电视设施、石油天然气管道、电力设施距离应符合其法规要求。

4.1.3　爆炸物库房除符合4.1.2要求外，与防护目标应至少保持1 000 m的距离。还应按GB/T 37243的规定，采用事故后果法计算外部安全防护距离。事故后果法计算时应采用最严重事故情景计算外部安全防护距离。

4.1.4　涉及有毒气体或易燃气体，且其构成危险化学品重大危险源的库房除符合4.1.2要求外，还应按GB/T 37243的规定，采用定量风险评价法计算外部安全防护距离。定量风险评价法计算时应采用可能储存的危险化学品最大量计算外部安全防护距离。

（6）《石油化工企业设计防火标准》（2018年版）（GB 50160—2008）

石油化工企业与石油化工园区的公用设施、铁路走行线的防火间距不应小于表4.1.11的规定。

液化烃罐组（罐外壁）与铁路走行线（中心线）最小安全距离30米；

可燃液体罐组（罐外壁）与铁路走行线（中心线）最小安全距离25米；

可能携带可燃液体的高架火炬（火炬筒中心）与铁路走行线（中心线）最小安全距离60米；

甲、乙类工艺装置或设施（最外侧设备外缘或建筑物的最外轴线）与铁路走行线（中心线）最小安全距离20米；

全厂性或区域性重要设施（最外侧设备外缘或建筑物的

最外轴线）与铁路走行线（中心线）最小安全距离10米。

（7）《油气输送管道与铁路交汇工程技术及管理规定》（国能油气〔2015〕392号）

第三条　管道与铁路交汇时应遵循以下原则：

1. 安全第一、预防为主。交汇工程应确保铁路运输安全和管道运行安全，特别是高速铁路、城际铁路等旅客列车的运输安全。

2. 后建服从先建，尽量减少对既有设施的改建。

3. 综合考虑铁路和管道行业规划。

4. 保护环境，节约资源，经济合理。

5. 平等协商、互相支持。

第五条　管道与铁路交叉位置选择应符合下列规定：

1. 管道不应在既有铁路的无砟轨道路基地段穿越。

2. 管道和铁路不应在旅客车站、编组站两端咽喉区范围内交叉，不应在牵引变电所、动车段（所）、机务段（所）、车辆段（所）围墙内交叉。

3. 管道和铁路不宜在其他铁路站场、道口等建筑物和设备处交叉，不宜在设计时速200公里及以上铁路及动车组走行线的有砟轨道路基地段、各类过渡段、铁路桥跨越河流主河道区段交叉。

4. 管道宜选择在铁路桥梁、预留管道涵洞等既有设施处穿越，尽量减少路基地段直接穿越。

第六条　管道与铁路交叉宜采用垂直交叉或大角度斜交，

交叉角度不宜小于30°。当铁路桥梁与管道交叉条件受限时，在采取安全措施的情况下交叉角度可小于30°。当管道采用顶进套管、顶进防护涵穿越既有铁路路基时，交叉角度不宜小于45°。

第八条　管道采用顶进套管穿越既有铁路路基时应符合下列规定：

1. 套管边缘距电气化铁路接触网立柱、信号机等支柱基础边缘的水平距离不得小于3 m。

2. 套管顶部外缘距自然地面的垂直距离不应小于2 m。套管不宜在铁路路基基床厚度内穿越；困难条件下套管穿越铁路路基基床时，套管顶部外缘距路肩不应小于2 m。

3. 套管伸出路堤坡脚护道不应小于2 m、伸出路堑堑顶不应小于5 m，并距离路堤排水沟、路堑堑顶天沟和线路防护栅栏外侧不应小于1 m。

4. 顶进套管穿越铁路施工时，套管外空间不允许超挖，穿越完成后应对套管外部低压注水泥浆加固，保持铁路路基的稳定状态。

5. 顶进套管穿越铁路应采用填充套管方式，填充物可采用砂或泥浆等材料，不需设置两侧封堵和检测管。

6. 顶进套管穿越铁路应采用填充套管方式，填充物可采用砂或泥浆等材料，不需设置两侧封堵和检测管。

7. 顶管穿越工程不得影响铁路排水设施的正常使用。

第九条　管道采用顶进防护涵穿越铁路路基时应符合下

列规定：

1. 防护涵孔径应根据输送管道直径、数量及布置方式确定。涵洞内宜保留宽度不小于1 m的验收通道，管道与管道间、管道与边墙间、管顶与涵洞顶板间的间距不宜小于0.5 m，涵洞内净空高度不宜小于1.8 m。

2. 主体结构应伸出铁路路基边坡与涵洞顶交线外不小于2 m，并不得影响铁路排水设施的正常使用。

3. 结构应满足强度、稳定性、耐久性及埋置深度要求，应符合铁路相关设计规范的规定。

4. 防护涵宜采用填充方式，填充后不设检查井。涵洞内空间未填充时应在涵洞两端设检查井，检查井应有封闭设施。

第十条　管道采用定向钻穿越铁路应考虑管径、地质条件、埋深等因素，检算满足铁路线路设施稳定时方可采用，并符合下列规定：

1. 当定向钻穿越路基时，入土点和出土点应位于铁路线路安全保护区以外不小于5 m，路肩处管顶距原自然地面的距离不应小于10 m，且应在路基加固处理层以下。

2. 当定向钻穿越铁路桥梁陆地段时，管道外缘距桥梁墩台基础外缘的水平净距不应小于5 m，最小埋深不应小于5 m，且不影响桥梁结构使用安全。

3. 对废弃后的定向钻穿越铁路管道，管道运营企业应及时采用混凝土、砂浆等材料填充密实。

第十二条　管道不应跨越设计时速200公里及以上的铁

路、动车走行线及城际铁路。管道不宜在其他铁路上方跨越，确需跨越时，管道应采取可靠的防护措施，并应满足下列要求：

1. 管道跨越结构底面至铁路轨顶面距离不应小于 12.5 m，且距离接触网带电体的距离不应小于 4.0 m。

2. 跨越段管道壁厚应按《油气输送管道跨越工程设计规范》① GB 50459 的规定选取。

3. 跨距不应小于铁路的用地界。跨越范围内不应设置法兰、阀门等管道部件。

第十三条　管道穿越既有铁路桥梁或铁路桥梁跨越既有管道时，铁路桥梁（非跨主河道区段）下方管道可直接埋设通过，并应满足下列要求：

1. 管顶在桥梁下方埋深不宜小于 1.2 m，管道上方应埋设钢筋混凝土板。钢筋混凝土板的宽度应大于管道外径 1.0 m，板厚不得小于 100 mm，板底面距管顶间距不宜小于 0.5 m，板的埋设长度不应小于铁路线路安全保护区范围。钢筋混凝土板上方应埋设聚乙烯警示带；穿越段的起始点以及中间每隔 10 m 处应设置地面穿越标识。

2. 铁路桥梁底面至自然地面的净空高度不应小于 2.0 m。

3. 管道与铁路桥梁墩台基础边缘的水平净距不宜小于 3 m。

---

① 《油气输送管道跨越工程设计规范》（GB 50459）已被《油气输送管道跨越工程设计标准》（GB/T 50459—2017）替代。

第十四条　管道和铁路隧道不应在隧道洞门及洞口截水天沟范围内交叉。当埋地管道或管道隧道与铁路隧道洞身交叉时应符合下列规定：

1. 新建管道可在既有铁路隧道洞身上方挖沟敷设。当采取非爆破方式开挖管沟时，管沟底部与铁路隧道结构顶部外缘的垂直间距不应小于 10 m，输油管道在铁路隧道洞身及其两侧各不小于 20 m 范围应采取可靠的防渗措施。当采取控制爆破手段开挖管沟时，管底与铁路隧道顶部的垂直净距不应小于 20 m，同时应考虑围岩条件、挖沟爆破规模及隧道结构的安全性等因素。

2. 管道除采用隧道结构以外，不宜在铁路隧道下方穿越。

3. 管道隧道与铁路隧道交叉时，两隧道垂直净距不应小于 30 m，且满足不小于 3~4 倍铁路隧道开挖洞径要求；两隧道净距小于 50 m 地段，后建隧道的衬砌结构应加强。

4. 新建铁路隧道在埋地管道下方采用控制爆破开挖时，隧道顶部与埋地管道底部的垂直高度不应小于 20 m，同时应考虑铁路隧道断面大小、围岩条件、地面沉降变形及管道结构安全性等因素。

5. 新建设施进行爆破作业时应采取保持围岩稳定的措施。既有设施的允许爆破振动速率，应根据既有隧道结构类型、结构状态、爆破环境条件以及既有铁路或管道运输性质、轨道或钢管类型等综合因素评估确定，爆破方案应征得既有设施企业的同意。

6. 特殊地形情况下，采取工程措施并经既有设施企业审批通过后，可将交叉净距适当减小。

第十五条　埋地管道和铁路在软土等特殊土质、斜坡等特殊地段交叉时，应采取保证既有设施安全和稳定性的特殊设计。

第十六条　管道穿越既有铁路时，铁路方应对穿越处铁路设施进行检测评价。铁路两侧线路安全保护区外 3 m 范围内为穿越段，管道方在穿越段应按《油气输送管道穿越工程设计规范》GB 50423 要求进行壁厚设计，采用加强级防腐涂层，对管道环向焊口采取 100% 超声波和 100% 射线探伤检测。管道方在施工期间应遵守铁路营业线施工安全管理规定，保持铁路线下基础工程的稳定，并采取保护措施。当交叉处管道上存在铁路杂散电流干扰时应对管道采取排流措施。

第十八条　管道与铁路并行布置时，应同时满足下列要求：

1. 管道距铁路用地界的净距不应小于 3 m。

2. 埋地管道距邻近铁路线路轨道中心线的净距不应小于 25 m。

3. 地上管道与邻近铁路线路轨道中心线的水平净距不应小于 50 m。

第十九条　电气化铁路与管道并行间距在 100 m 以内、并行长度在 1 000 m 以上时，在建设期间应预设必要的排流措施，铁路运行初期应按《埋地钢质管道交流干扰防护技术标准》GB/T 50698 对排流效果进行检测、复核。

第二十二条　铁路与管道站场设施的最小距离，应按《石油天然气工程设计防火规范》GB 50183 执行。油气管道阀室围墙距铁路用地界不应小于 3 m。阀室设置放空立管时，放空管管口应高出周围 25 m 范围内的铁路设施及建（构）筑物 2 m 以上。

石油天然气站场设置放空立管时，其区域布置防火间距宜通过计算可燃气体扩散范围确定，扩散区边界空气中可燃气体浓度不应超过其爆炸下限的 50%，且放空管应高出 10 m 范围内的铁路设施或建筑物顶 2 m 以上。

（8）《输油管道工程设计规范》（GB 50253—2014）

埋地输油管道同地面建（构）筑物的最小间距应符合下列规定：输油管道与铁路并行敷设时，管道应敷设在铁路用地范围边线 3 m 以外，且原油、成品油管道距铁路线不应小于 25 m、液化石油气管道距铁路线不应小于 50 m。

（9）《输气管道工程设计规范》（GB 50251—2015）

陆上新建、扩建和改建输气管道工程 4. 1. 1 规定：线路的选择应符合下列要求：

④线路应避开军事禁区、飞机场、铁路及汽车客运站、海（河）港码头等区域；

⑤除为管道工程专门修建的隧道、桥梁外，不应在铁路或公路的隧道内及桥梁上敷设输气管道。输气管道从铁路或公路桥下交叉通过时，不应改变桥梁下的水文条件；

⑥与公路并行的管道路由宜在公路用地界3 m以外，与铁路并行的管道路由宜在铁路用地界3 m以外，如地形受限或其他条件限制的局部地段不满足要求时，应征得道路管理部门的同意。

⑩埋地管道与建（构）筑物的间距应满足施工和运行管理需求，且管道中心线与建（构）筑物的最小距离不应小于5 m。

（10）《油气输送管道穿越工程设计规范》（GB 50423—2013）

3.3.7　穿越管段与公路桥梁、铁路桥梁、水下隧道并行敷设的最小距离应根据穿越形式确定，并应符合下列要求：

1　当采用开挖管沟埋设时，管道中线距离特大桥、大桥、中桥、水下隧道最近边缘不应小于100 m；距离小桥最近边缘不应小于50 m。

2　当采用水平定向钻穿越时，穿越管段距离桥梁墩台冲刷坑外边缘不宜小于10 m，且不应影响桥梁墩台安全；距离水下隧道的净距不应小于30 m。

3　当采用隧道穿越时，隧道的埋深及边缘至墩台的距离不应影响桥梁墩台的安全；管道隧道与公路隧道、铁路隧道净距不宜小于30 m。

4　当不能满足上述要求时，应协商确定。

7.1.1　油气管道不宜与公路、铁路反复交叉穿越；需要与公路、铁路交叉时，其穿越点宜选在公路、铁路的路堤段和管道的直线段，穿越宜避开高填方区、路堑、路两侧为同坡向的陡坡地段。当条件受限时也可从公路、铁路的桥梁下交叉穿越。

7.1.2　在穿越公路、铁路的套管或涵洞内，输送管道不应设置水平或竖向弯管。

7.1.6　油气管道与公路、铁路宜垂直交叉，在特殊情况下，交角不宜小于30°。油气管道与公路、铁路桥梁交叉时，在对管道采取防护措施后，交叉角可小于30°，防护长度应满足公路、铁路用地范围以外3 m的要求。

7.1.7　油气管道穿越公路、铁路时，其穿越点四周应有足够的空间，满足管道穿越施工、维护及邻近建（构）筑物和设施安全距离的要求。

7.1.8　油气管道不应利用公路、铁路的排水涵洞进行穿越。

7.1.9　油气管道穿越公路、铁路时，套管顶部最小覆盖层厚度应符合以下要求。铁路穿越位置在铁路路肩以下，套管顶部最小覆盖层厚度为1.7米；铁路穿越位置在自然地面或者边沟以下，套管顶部最小覆盖层厚度为1米。

7.1.10　管道穿越公路、铁路时，输送管道或套管的底部应放置在密实而均匀的地层上。

7.1.11　采用套管穿越公路、铁路时，套管内径应大于输送管道外径300 mm以上。套管采用人工顶管施工方法时，套管内直径不宜小于1 m。

7.1.12 采用套管穿越公路、铁路时，套管长度宜伸出路堤坡脚、排水沟外边缘不小于2 m；当穿过路堑时，应长出路堑顶不小于5 m。被穿越的公路、铁路有扩建规划时，应按照扩建后的情况确定套管长度。

7.1.13 采用涵洞穿越铁路时，涵洞净空高度不宜小于1.8 m，涵洞内宽度不宜小于输送管道外径加2.5 m。

7.1.14 采用直接钻孔法敷设穿越管道或套管时，其钻孔孔洞直径不应超过输送管道或套管外直径50 mm。

7.2.9 采用无套管的开挖穿越管段。距管顶以上500 mm处应埋设钢筋混凝土板；混凝土板上方应埋设警示带。

7.3.1 采用涵洞、套管等保护方法穿越公路、铁路时。宜采用钢筋混凝土涵洞、钢筋混凝土套管或者钢质套管。

7.3.2 钢筋混凝土涵洞、套管的设计应根据穿越公路、铁路的不同要求，分别执行现行行业标准《公路桥涵设计通用规范》JTG D60、《铁路桥涵设计基本规范》TB 10002.1[①]的有关规定。

8.1.2 水域大、中型穿越管段、山岭长隧道、山岭中长隧道、铁路、二级与二级以上公路的穿越管段，对接接头焊缝均应进行100%射线探伤检验和100%超声波探伤检验。

8.2.2 水域大、中型穿越，山岭长隧道、铁路、高速公路、一级公路穿越管段应单独进行试压。水域小型穿越管段、山岭中长隧道、山岭短隧道、二级及以下的公路穿越管段，

① 已被《铁路桥涵设计规范》（TB 10002—2017）代替。

在试压条件许可的前提下可与所在线路段合并进行试压。

（11）《液化石油气供应工程设计规范》（GB 51142—2015）

埋地液态液化石油气管道与建筑或相邻管道等之间的水平净距不应小于 25 米。

液化石油气气化站和混气站储罐与站外建筑的防火间距（m）规定（储罐总容积 V、单罐容积 V'，m^3）：$V \leqslant 10$ 时与铁路线路中心线间距 40 米；$10 < V \leqslant 30$ 与铁路线路中心线间距 50 米；$30 < V \leqslant 50$ 且 $V' \leqslant 20$ 与铁路线路中心线间距 60 米。

（12）《石油库设计规范》（GB 50074—2014）

库外管道与相邻建（构）筑物或设施之间的距离（m）：液化烃等甲 A 类液体管道时，埋地敷设与铁路线 15 米，地上架空与铁路线 25 米；其他易燃和可燃液体管道时，埋地敷设与铁路线 10 米，地上架空与铁路线 15 米。

（13）《汽车加油加气加氢站技术标准》（GB 50156—2021）

汽油（柴油）工艺设备与站外建（构）筑物的安全间距（m）：埋地油罐（一级、二级、三级站）和加油机、油罐通气、管口、油气回收处理装置与铁路线路间距 15. 5 米。

（14）《城镇燃气设计规范》（2020 版）（GB 50028—2006）

6. 3. 9　燃气管道穿越铁路、高速公路、电车轨道或城镇主要干道时应符合下列要求：

1　穿越铁路或高速公路的燃气管道，应加套管。

注：当燃气管道采用定向钻穿越并取得铁路或高速公路部门同意时，可不加套管。

2　穿越铁路的燃气管道的套管，应符合下列要求：

①套管埋设的深度：铁路轨底至套管顶不应小于 1.20 m，并应符合铁路管理部门的要求；

②套管宜采用钢管或钢筋混凝土管；

③套管内径应比燃气管道外径大 100 mm 以上；

④套管两端与燃气管的间隙应采用柔性的防腐、防水材料密封，其一端应装设检漏管；

⑤套管端部距路堤坡脚外的距离不应小于 2.0 m。

4　燃气管道宜垂直穿越铁路、高速公路、电车轨道或城镇主要干道。

第三类

上跨并行类

1. 问题管控重点：公跨铁桥梁和公铁并行护栏设置不达标准、警示标志缺失、违规附挂上跨设备、通行车辆超限超载超速等。

2. 主要安全风险：发生道路交通安全事故，发生机动车掉下、坠入、侵入铁路线路，危及高铁和旅客列车安全、危及铁路安全。

3. 基本整治方法：按照相关法律法规规定，及时设置防护设施，并保持常态良好。铁路运输企业加强巡视检查，及时发现问题解决问题。

4. 主要法规标准：

（1）《铁路安全管理条例》（国务院令第 639 号）

第十九条　铁路与道路立体交叉设施及其附属安全设施竣工验收合格后，应当按照国家有关规定移交有关单位管理、维护。

第四十三条　下穿铁路桥梁、涵洞的道路应当按照国家标准设置车辆通过限高、限宽标志和限高防护架。城市道路的限高、限宽标志由当地人民政府指定的部门设置并维护，公路的限高、限宽标志由公路管理部门设置并维护。限高防护架在铁路桥梁、涵洞、道路建设时设置，由铁路运输企业负责维护。机动车通过下穿铁路桥梁、涵洞的道路，应当遵守限高、限宽规定。下穿铁路涵洞的管理单位负责涵洞的日常管理、维护，防止淤塞、积水。

第四十四条　铁路线路安全保护区内的道路和铁路线路路堑上的道路、跨越铁路线路的道路桥梁，应当按照国家有关规定设置防止车辆以及其他物体进入、坠入铁路线路的安全防护设施和警示标志，并由道路管理部门或者道路经营企业维护、管理。

(2)《公路铁路交叉路段技术要求》(JT/T 1311—2020)

6.4.1.5　应在桥墩邻近公路一侧设置防撞设施。

6.4.4.4　防撞护栏的设置范围应为铁路线路安全保护区宽度（当斜交时，应取最大的斜交宽度）并分别向外延长20 m。

6.4.4.7　公路下穿铁路且净空高度小于5 m时，应设置车辆通过限高防护架。

6.5.3.1　上跨铁路的公路跨线桥应设置护栏，并符合下列规定：

a）上跨高速铁路和城际铁路的公路跨线桥路侧护栏应采

用两道护栏，两道护栏间距不宜小于1.5 m；

b）上跨其他等级铁路的公路跨线桥路侧护栏宜采用两道护栏，两道护栏间距不宜小于1.0 m，已建公路加宽困难或新建公路受条件限制时，经技术论证后可采用一道护栏；

6.5.3.3　上跨铁路的公路跨线桥应设置防落物网，并符合下列规定：

上跨高速铁路和城际铁路的公路跨线桥防落物网距路面的高度不应低于4 m，上跨铁路的公路跨线桥防落物网距路面的高度不应低于2.5 m。

6.5.3.4　上跨高速铁路和城际铁路的公路跨线桥应设置异物侵限监测系统和视频监控系统，并符合下列规定：

a）侵限监测装置宜垂直安装在桥面上，且设置专用检修通道，净宽不应小于0.75 m；

b）异物侵限监测装置顶面距桥面高度不应低于2 m。

（3）《公路铁路并行路段设计技术规范》（JT/T 1116—2017）

公铁并行间距。各级公铁并行间距应符合下列规定：

Ⅰ级：一般值50米、最小值35米，极限值20米。Ⅰ级是指高速铁路（或设计速度等于200 km/h的城际铁路），且高速公路或设计速度等于100 km/h的一级公路。

Ⅱ级：一般值40米、最小值30米，极限值15米。Ⅱ级是指高速铁路（或设计速度等于200 km/h的城际铁路），且设计速度小于100 km/h的一级公路或二级公路。设计速度小于200 km/h的城际铁路（或重载铁路或Ⅰ级、Ⅱ级铁路）。且高速公路或设计速度等于100 km/h的一级公路。Ⅲ级、Ⅳ级铁路，且高速公路或设计速度等于100 km/h的一级公路。

Ⅲ级：一般值35米、最小值25米，极限值15米。Ⅲ级是指高速铁路（或设计速度等于200 km/h的城际铁路），三级公路或四级公路。设计速度小于200 km/h的城际铁路（或重载铁路或Ⅰ级、Ⅱ级铁路），且设计速度小于100 km/h的一级公路或二级公路。

Ⅳ级：一般值25米、最小值15米，极限值10米。Ⅳ级是指设计速度小于200 km/h的城际铁路（或重载铁路或Ⅰ级、Ⅱ级铁路），且三级公路或四级公路。Ⅲ级、Ⅳ级铁路，且设计速度小于100 km/h的一级公路或二级公路。

Ⅴ级：一般值20米、最小值15米，极限值5米。Ⅴ级是指Ⅲ级、Ⅳ级铁路，且三级公路或四级公路。

公铁并行设置防护网应符合下列规定：

公路采用桥梁、路堤或浅路堑（靠近铁路的公路路堑边坡高度小于2.0 m），凡符合下列情况之一时，应在靠近铁路的公路路侧设置防护网：

a）公铁并行位于平缓路段，公路路肩高程高于铁路路肩高程，或低于铁路路肩高程2.0 m以内，并且公铁并行间距小于最小值的路段；

b）公铁并行位于陡坡路段，铁路布设于低线位并且公铁并行间距小于一般值的路段。公铁并行的公路防护网高度不应低于2.5 m。公铁并行的公路防护网设置范围为公铁并行段起终点各向外延长10 m。

(4)《铁路线路防护栅栏》(通线〔2023〕8001)

新建铁路工程：设计时速200公里及以上铁路，采用2.2 m高度钢筋混凝土防护栅栏加0.5 m刺丝滚笼；设计时速200公里以下铁路，一般地段采用1.8 m高度钢筋混凝土防护栅栏，重点区段（含动车径路）采用1.8 m高度钢筋混凝土防护栅栏加0.5 m刺丝滚笼，防护栅栏设置用地界以内0.5 m处。

道路下穿铁路立交桥防护：铁路上跨道路立交桥涵其净空高度不足5 m时，应设置限高防护架，并函商交通运输、住房和城乡建设（城市道路管理）主管部门或当地人民政府指定的部门同步设置限高、限宽标志。立交桥涵非机动车道若不能确保其不通过中型或大型机动车辆的，应设置限高防护架。通过研判，对净高虽大于5 m，但通行旅客列车、桥梁结构薄弱、道路通行大型翻斗车等具有较大撞桥风险，或发生过撞桥事故的桥梁，应按照《公路法》《中华人民共和国道路交通安全法》《公路安全保护条例》《道路交通安全法实施条例》《城市道路管理条例》等法律法规，按程序报经交通运输、住房和城乡建设（城市道路管理）主管部门或地方人民政府审核批准，装设限高防护架或其他安全防护措施，在醒目位置设置限高限宽设施公示牌，公示设置、养护、审批单位和联系电话等信息，接受社会监督。

（5）《铁路桥限高防护架设计图》（专桥设〔2005〕8184）

铁路桥梁防撞架结构形式根据车辆质量及行车速度确定，分为：当车重 15 t，撞击速度 40 km/h 路宽 3.0 m 以下时，使用门式结构；当车重 15 t，撞击速度 40 km/h 路宽 8.5 m 以下时，使用三角支架式结构；当车重 20 t，撞击速度 60 km/h 路宽 8.5 m 以下时，可根据现场情况选择三角支架式或桁架式结构；当车重 15 t 或 30 t，撞击速度 80 km/h 路宽 11.5 m 或 20.75 m 以下时，使用桁架式结构；框架桥下路面宽 10 m 以下时采用三角支架式结构；框架桥下路面宽 10 m 以上（含 10 m），15 m 以下时采用桁架式结构。

第四类

违法取水类

1. 问题管控重点：在高铁沿线禁采区和限采区违法抽取地下水，以及在普铁线路安全保护区内抽取地下水类安全隐患。

2. 主要安全风险：过量抽取地下水，会造成铁路路基沉降，特别是高铁，细微的沉降也会危及动车组安全运行。

3. 基本整治方法：高铁两侧 200 米范围内禁止抽取地下水，是《铁路安全管理条例》（国务院令第 639 号）明确禁止性规定。政府水行政主管部门要严格执法、严格管理，这是法律法规赋予的责任。铁路部门要配合加强巡查，及时发现和制止违法抽取地下水行为。

4. 主要法规标准：

《铁路安全管理条例》（国务院令第 639 号）

第三十五条　高速铁路线路路堤坡脚、路堑坡顶或者铁路桥梁外侧起向外各 200 米范围内禁止抽取地下水。在前款规定范围外，高速铁路线路经过的区域属于地面沉降区域，抽取地下水危及高速铁路安全的，应当设置地下水禁止开采区或者限制开采区，具体范围由铁路监督管理机构会同县级以上地方人民政府水行政主管部门提出方案，报省、自治区、直辖市人民政府批准并公告。

第五类

河道桥梁类

1. 问题管控重点：非法在铁路桥梁跨越河道上下游禁止区违法进行采砂淘金、疏浚作业、围垦造田、拦河筑坝、架设浮桥或者修建其他影响铁路桥梁安全设施以及桥区航标未按规定设置等。

2. 主要安全风险：过度采砂、疏浚，会造成铁路桥墩承台裸露，严重危及桥梁稳固性，甚至造成桥梁局部倾斜、沉降也会直接危及行车安全。

3. 基本整治方法：政府水行政主管部门要严格执法、严格管理，这是法律法规赋予的责任。铁路部门要配合加强巡查，及时发现和制止相关违法行为。

4. 主要法规标准：

《铁路安全管理条例》（国务院令第 639 号）

第三十五条　高速铁路线路路堤坡脚、路堑坡顶或者铁路桥梁外侧起向外各 200 米范围内禁止抽取地下水。

第三十七条　任何单位和个人不得擅自在铁路桥梁跨越处河道上下游各1 000米范围内围垦造田、拦河筑坝、架设浮桥或者修建其他影响铁路桥梁安全的设施。

第三十八条　禁止在铁路桥梁跨越处河道上下游的下列范围内采砂、淘金：

（一）跨河桥长500米以上的铁路桥梁，河道上游500米，下游3 000米；

（二）跨河桥长100米以上不足500米的铁路桥梁，河道上游500米，下游2 000米；

（三）跨河桥长不足100米的铁路桥梁，河道上游500米，下游1 000米。

有关部门依法在铁路桥梁跨越处河道上下游划定的禁采范围大于前款规定的禁采范围的，按照划定的禁采范围执行。

县级以上地方人民政府水行政主管部门、国土资源主管部门应当按照各自职责划定禁采区域、设置禁采标志，制止非法采砂、淘金行为。

第三十九条　在铁路桥梁跨越处河道上下游各500米范围内进行疏浚作业，应当进行安全技术评价，有关河道、航道管理部门应当征求铁路运输企业的意见，确认安全或者采取安全技术措施后，方可批准进行疏浚作业。但是，依法进行河道、航道日常养护、疏浚作业的除外。

第四十条　铁路、道路两用桥由所在地铁路运输企业和道路管理部门或者道路经营企业定期检查、共同维护，保证桥梁处于安全的技术状态。铁路、道路两用桥的墩、梁等共用部分的检测、维修由铁路运输企业和道路管理部门或者道路经营企业共同负责，所需费用按照公平合理的原则分担。

第四十二条　船舶通过铁路桥梁应当符合桥梁的通航净空高度并遵守航行规则。桥区航标中的桥梁航标、桥柱标、桥梁水尺标由铁路运输企业负责设置、维护，水面航标由铁路运输企业负责设置，航道管理部门负责维护。

第四十三条　下穿铁路桥梁、涵洞的道路应当按照国家标准设置车辆通过限高、限宽标志和限高防护架。城市道路的限高、限宽标志由当地人民政府指定的部门设置并维护，公路的限高、限宽标志由公路管理部门设置并维护。限高防护架在铁路桥梁、涵洞、道路建设时设置，由铁路运输企业负责维护。机动车通过下穿铁路桥梁、涵洞的道路，应当遵守限高、限宽规定。下穿铁路涵洞的管理单位负责涵洞的日常管理、维护，防止淤塞、积水。

第九十一条　有下列行为之一的，分别由铁路沿线所在地县级以上地方人民政府水行政主管部门、国土资源主管部门或者无线电管理机构等依照有关水资源管理、矿产资源管理、无线电管理等法律、行政法规的规定处罚：

（三）在铁路桥梁跨越处河道上下游各 1 000 米范围内围垦造田、拦河筑坝、架设浮桥或者修建其他影响铁路桥梁安全的设施；

（四）在铁路桥梁跨越处河道上下游禁止采砂、淘金的范围内采砂、淘金。

第六类

开采爆破类

1. 问题管控重点：违法在铁路沿线规定范围内进行采矿、采石或爆破作业。

2. 主要安全风险：在铁路附近采矿、采石或爆破作业，会危及铁路桥梁、隧道、路基等铁路设备设施安全。

3. 基本整治方法：铁路运输企业及时发现和制止，相关部门依法查处、行政处罚等。任何单位、个人发现后都应及时向政府有关部门或铁路部门报告。

4. 主要法规标准：

《铁路安全管理条例》（国务院令第 639 号）

第三十四条　在铁路线路两侧从事采矿、采石或者爆破作业，应当遵守有关采矿和民用爆破的法律法规，符合国家标准、行业标准和铁路安全保护要求。

在铁路线路路堤坡脚、路堑坡顶、铁路桥梁外侧起向外各 1 000 米范围内，以及在铁路隧道上方中心线两侧各 1 000 米范围内，确需从事露天采矿、采石或者爆破作业的，应当与铁路运输企业协商一致，依照有关法律法规的规定报县级以上地方人民政府有关部门批准，采取安全防护措施后方可进行。

第三十八条　禁止在铁路桥梁跨越处河道上下游的下列范围内采砂、淘金：

（一）跨河桥长500米以上的铁路桥梁，河道上游500米，下游3 000米；

（二）跨河桥长100米以上不足500米的铁路桥梁，河道上游500米，下游2 000米；

（三）跨河桥长不足100米的铁路桥梁，河道上游500米，下游1 000米。

有关部门依法在铁路桥梁跨越处河道上下游划定的禁采范围大于前款规定的禁采范围的，按照划定的禁采范围执行。

县级以上地方人民政府水行政主管部门、国土资源主管部门应当按照各自职责划定禁采区域、设置禁采标志，制止非法采砂、淘金行为。

第九十一条　有下列行为之一的，分别由铁路沿线所在地县级以上地方人民政府水行政主管部门、国土资源主管部门或者无线电管理机构等依照有关水资源管理、矿产资源管理、无线电管理等法律、行政法规的规定处罚：

（一）未经批准在铁路线路两侧各 1 000 米范围内从事露天采矿、采石或者爆破作业；

（二）在地下水禁止开采区或者限制开采区抽取地下水。

第七类

违建违占类

1. 问题管控重点：未经铁路同意在铁路线路安全保护区内违法建筑房屋设施、违法占地、违法经营等，或采取安全防护措施但不符合标准的彩钢类建筑，以及保护区内影响铁路设备基础稳定、存在火灾隐患的合法建（构）筑物。

2. 主要安全风险：《铁路安全管理条例》（国务院令第639号）中有明确规定，在铁路线路安全保护区内违法建筑、违法占用铁路用地、违法生产加工经营行为，会危及铁路安全。违建、违占类行为具有“破窗效应”，易形成连锁反应，造成类似违法行为失控。

3. 基本整治方法：及时发现、制止违建违占行为，防止形成既成事实增大整治难度。对已经建成的违建，绝不能姑息，一律依法拆除，依法清理。

4. 主要法规标准：

(1)《中华人民共和国铁路法》

第三十七条　已经取得使用权的铁路建设用地，应当依照批准的用途使用，不得擅自改作他用；其他单位或者个人不得侵占。侵占铁路建设用地的，由县级以上地方人民政府土地管理部门责令停止侵占、赔偿损失。

(2)《铁路安全管理条例》(国务院令第639号)

第七条　禁止扰乱铁路建设、运输秩序。禁止损坏或者非法占用铁路设施设备、铁路标志和铁路用地。

第三十条　在铁路线路安全保护区内建造建筑物、构筑物等设施，取土、挖砂、挖沟、采空作业或者堆放、悬挂物品，应当征得铁路运输企业同意并签订安全协议，遵守保证铁路安全的国家标准、行业标准和施工安全规范，采取措施防止影响铁路运输安全。铁路运输企业应当派员对施工现场实行安全监督。

第三十一条　铁路线路安全保护区内既有的建筑物、构筑物危及铁路运输安全的，应当采取必要的安全防护措施；采取安全防护措施后仍不能保证安全的，依照有关法律的规定拆除。

拆除铁路线路安全保护区内的建筑物、构筑物，清理铁路线路安全保护区内的植物，或者对他人在铁路线路安全保护区内已依法取得的采矿权等合法权利予以限制，给他人造成损失的，应当依法给予补偿或者采取必要的补救措施。但是，拆除非法建设的建筑物、构筑物的除外。

第三十二条　在铁路线路安全保护区及其邻近区域建造或者设置的建筑物、构筑物、设备等，不得进入国家规定的铁路建筑限界。

第八十九条　未经铁路运输企业同意或者未签订安全协议，在铁路线路安全保护区内建造建筑物、构筑物等设施，取土、挖砂、挖沟、采空作业或者堆放、悬挂物品，或者违反保证铁路安全的国家标准、行业标准和施工安全规范，影响铁路运输安全的，由铁路监督管理机构责令改正，可以处10万元以下的罚款。

(3)《高速铁路安全防护管理办法》(交通运输部令2020年第8号)

第十三条　禁止在高速铁路线路安全保护区内烧荒、放养牲畜。

禁止向高速铁路线路安全保护区排污、倾倒垃圾以及其他危害铁路安全的物质。

禁止擅自进入、毁坏、移动高速铁路安全防护设施。

在高速铁路线路安全保护区内建造建筑物、构筑物等设施，取土、挖砂、挖沟、采空作业或者堆放、悬挂物品，必须符合保证高速铁路安全的国家标准、行业标准，征得铁路运输企业同意并签订安全协议，遵守施工安全规范，采取措施防止影响铁路运输安全．铁路运输企业应当公布办理相关手续的部门以及相应的渠道，及时办理相关手续，并派员对施工现场实行安全监督。

(4)《中华人民共和国城乡规划法》

第四十四条　在城市、镇规划区内进行临时建设的，应当经城市、县人民政府城乡规划主管部门批准。临时建设影响近期建设规划或者控制性详细规划的实施以及交通、市容、安全等的，不得批准。

临时建设应当在批准的使用期限内自行拆除。

临时建设和临时用地规划管理的具体办法，由省、自治区、直辖市人民政府制定。

第六十五条　在乡、村庄规划区内未依法取得乡村建设规划许可证或者未按照乡村建设规划许可证的规定进行建设的，由乡、镇人民政府责令停止建设、限期改正；逾期不改正的，可以拆除。

第六十六条　建设单位或者个人有下列行为之一的，由所在地城市、县人民政府城乡规划主管部门责令限期拆除，可以并处临时建设工程造价一倍以下的罚款：

(一) 未经批准进行临时建设的；

(二) 未按照批准内容进行临时建设的；

(三) 临时建筑物、构筑物超过批准期限不拆除的。

第六十八条　城乡规划主管部门作出责令停止建设或者限期拆除的决定后，当事人不停止建设或者逾期不拆除的，建设工程所在地县级以上地方人民政府可以责成有关部门采取查封施工现场、强制拆除等措施。

（5）《中华人民共和国土地管理法》

第八十三条　依照本法规定，责令限期拆除在非法占用的土地上新建的建筑物和其他设施的，建设单位或者个人必须立即停止施工，自行拆除；对继续施工的，作出处罚决定的机关有权制止。建设单位或者个人对责令限期拆除的行政处罚决定不服的，可以在接到责令限期拆除决定之日起十五日内，向人民法院起诉；期满不起诉又不自行拆除的，由作出处罚决定的机关依法申请人民法院强制执行，费用由违法者承担。

（6）《废旧金属收购业治安管理办法（2023 年 7 月 20 日修订版）》

第六条　在铁路、矿区、油田、港口、机场、施工工地、军事禁区和金属冶炼加工企业附近，不得设点收购废旧金属。

第八类

堆放隐患类

1. 问题管控重点：在铁路桥下及线路安全保护区内违法堆放、堆料、倾倒垃圾、弃土弃渣、排污等，以及铁路线路安全保护区外存在隐患的堆放。

2. 主要安全风险：大量堆放的垃圾渣土等，会对路基、桥墩形成垂直压力、侧向压力，造成路基、桥墩沉降、变形，危及铁路行车安全。堆放杂物有发生火灾危及铁路安全的隐患。垃圾、污染物可能会腐蚀铁路桥墩，缩短使用寿命，危及铁路行车安全；堆放物里的飘浮物存在被风刮上线隐患。

3. 基本整治方法：加强铁路安全普法宣传，提高沿线企事业单位、人民群众铁路安全意识，不在高铁桥下或线路两侧等区域堆放堆料、弃土弃渣，不向铁路线路安全保护区倾倒垃圾和排放污染物；铁路工作人员要及时发现和制止上述违法行为。

4. 主要法规标准：

（1）《铁路安全管理条例》（国务院令第639号）

第二十九条　禁止向铁路线路安全保护区排污、倾倒垃圾以及其他危害铁路安全的物质。

（2）《尾矿库安全监督管理规定》（2011年5月4日国家安全生产监督管理总局令第38号公布；2015年5月修正）

第二十八条　尾矿库运行到设计最终标高或者不再进行排尾作业的，应当在一年内完成闭库。特殊情况不能按期完成闭库的，应当报经相应的安全生产监督管理部门同意后方可延期，但延长期限不得超过6个月。

（3）《尾矿库安全规程》（GB 39496—2020）

5.2.1　尾矿库不应设在下列地区：尾矿库失事将使下游重要城镇、工矿企业、铁路干线或高速公路等遭受严重威胁区域。

（4）《冶金矿山排土场设计规范》（GB 51119—2015）

4.1.1　排土场场址应满足与采矿场、工业场地（厂区）、居民点、铁路、公路、输电及通信干线、水域、隧洞等设施的安全防护距离的要求。

4.2.1　排土场不应布置在具有形成泥石流条件、排水不良、可能危及露天采矿场、井（洞）口、工业场地、居住区、村镇、交通干线等重要建（构）筑物的上游。

（5）《生产建设项目水土保持技术标准》（GB 50433—2018）

3.2.3　严禁在崩塌和滑坡危险区、泥石流易发区内设置取土（石、砂）场。

3.2.5　严禁在对公共设施、基础设施、工业企业、居民点等有重大影响的区域设置弃土（石、渣、灰、矸石、尾矿）场。

(6)《山西省铁路安全管理办法》（山西省人民政府令第276号）

第二十一条　铁路线路安全保护区外一百米范围内排放污水时应当采取防护措施，不得影响铁路线路安全。

第九类

倒落隐患类

1. 问题管控重点：铁路沿线两侧杆塔、水域、烟囱等高大设施和上跨通信（信号）线缆等不满足规定的安全距离。

2. 主要安全风险：杆塔等发生倾倒或受外力影响发生倾倒，会侵入铁路机车车辆限界，发生刮蹭，甚至会相撞导致车毁人亡的恶性事故。

3. 基本整治方法：防止有关单位和个人在邻近铁路“倒距不足”的位置修建杆塔类设备。已经修建的要逐步迁移，暂时不能迁移的要加强日常维护保养，确保杆塔类设备设施状态良好，并与铁路部门签订安全互保协议。

4. 主要法规标准：

（1）《铁路安全管理条例》（国务院令第 639 号）

第三十二条　在铁路线路安全保护区及其邻近区域建造或者设置的建筑物、构筑物、设备等，不得进入国家规定的铁路建筑限界。

第四十五条　架设、铺设铁路信号和通信线路、杆塔应当符合国家标准、行业标准和铁路安全防护要求。铁路运输企业、为铁路运输提供服务的电信企业应当加强对铁路信号和通信线路、杆塔的维护和管理。

(2)《高速铁路安全防护管理办法》(交通运输部令 2020 年第 8 号)

第二十三条　邻近高速铁路的杆塔应当按照国家标准、行业标准和铁路安全防护要求进行设计安装，杆塔产权单位应当建立定期检查维护制度，确保杆塔牢固稳定。

(3)《风力发电场设计规范》(GB 51096—2015)

4.3.3　风力发电机组布置应符合下列规定：风力发电机组的塔筒中心与公路、铁路、机场、输电线路、通信线路、天然气石油管线等设施的避让距离宜大于轮毂高度与叶轮半径之和的 1.5 倍。

(4)《110 kV~750 kV 架空输电线路设计规范》(GB 50545—2010)

输电线路与铁路最小水平距离满足：交叉时，塔高加 3.1 m，无法满足要求时可适当减小，但不得小于 30 m；平行时，塔高加 3.1 m，困难时双方协商确定；宜在铁路出站信号机以内跨越。

(5)《铁路技术管理规程（高速铁路部分）》(TG/01—2014)

第 131 条　邻近线路的通信杆、塔应采取必要的防护措施，防止杆、塔倾倒侵入铁路限界。

第 184 条　35 kV 及以下的电线路（包括通信线路、广播电视线路等）不得跨越接触网，应由地下穿过铁路。

接触网支柱不应附挂通信、有线电视等非供电线路设施，特殊情况需附挂时，应经铁路总公司批准

（6）《铁路技术管理规程（普速铁路部分）》（TG/01—2014，TG/01A—2017）

第 204 条　跨越接触网的架空电线路与接触网的垂直距离，35 kV－110 kV 线路不小于 3 m，220 kV 线路不小于 4 m，330 kV 线路不小于 5 m，500 kV 线路不小于 6 m。35 kV 以下的电线路（包括通信线路、广播电视线路等）不得跨越接触网，应由地下穿过铁路。

接触网支柱不应附挂通信、有线电视等非供电线路设施，特殊情况需附挂时，应经铁路局批准。

第 209 条　35 kV 及以上铁路电力线路的杆塔内缘至铁路线路中心的水平距离不小于杆高加 3 100 mm。35 kV 以下铁路电力线路的杆塔内缘至铁路线路中心的水平距离不小于 3 100 mm。

（7）《铁路电力设计规范》（TB 10008—2015）

7. 7. 3　架空电力线路与铁路交叉或接近时，应符合表规定：500 kV 及以下架空电力线路与铁路交叉角度不宜小于 30°；500 kV 以上及直流输电架空电力线路与铁路交叉角度不宜小于 45°，困难情况下可协商确定。

（8）《公路铁路交叉路段技术要求》（JT/T 1311—2020）

6. 5. 3. 5　公路跨线桥跨越范围内桥梁梁底、防撞护栏外

侧、栏杆及防落网上严禁附挂标牌、标志或管线、槽道等附属设施。

(9)《北京市铁路沿线安全管理规定》(北京市人民政府令第308号)

第十九条　在铁路线路两侧设置杆塔、烟囱等设施,运行吊车、塔吊等设备,或者种植树木等植物的,应当符合国家标准、行业标准等规定的安全距离,其所有人或者管理人应当采取防护措施,防止倒伏后侵入铁路建筑限界内。不符合安全距离的,所有人或者管理人应当修剪、迁移、拆除或者砍伐。

铁路运输企业应当加强对铁路沿线的巡查,发现前款所有人或者管理人未按照规定采取措施消除安全隐患的,应当及时告知所有人或者管理人采取措施消除安全隐患。所有人或者管理人拒绝或者怠于处置的,铁路运输企业应当及时报告所在地区人民政府依法处置。情况紧急的,铁路运输企业可以先行采取应急处置措施,由此产生的费用由所有人或者管理人承担。

(10)《天津市铁路安全管理规定》(天津市人民政府令第28号)

第十九条　铁路线路两侧种植树木或者设置杆塔、烟囱等设施,与铁路线路的距离应当符合国家标准、行业标准等规定,其所有人或者管理人应当采取防护措施防止其倒伏后进入铁路建筑限界。铁路运输企业发现危及铁路安全的,应当及时告知所有人或者管理人消除安全隐患。

（11）《通信线路工程设计规范》（GB 51158—2015）

6.4.8　架空线路与其它设施接近或交越时，间隔距离应符合下列规定：距离火车铁轨最小水平净距地面杆高的4/3倍。铁路通信杆塔依据《铁路通信设计规范》的规定，无倒杆距离要求。

（12）《电力设施保护条例》

第十七条　任何单位或个人必须经县级以上地方电力管理部门批准，并采取安全措施后，方可进行下列作业或活动：

（一）在架空电力线路保护区内进行农田水利基本建设工程及打桩、钻探、开挖等作业；

（二）起重机械的任何部位进入架空电力线路保护区进行施工；

（三）小于导线距穿越物体之间的安全距离，通过架空电力线路保护区；

（四）在电力电缆线路保护区内进行作业。

第十八条　任何单位或个人不得从事下列危害电力设施建设的行为：

（一）非法侵占电力设施建设项目依法征收的土地；

（二）涂改、移动、损害、拔除电力设施建设的测量标桩和标记；

（三）破坏、封堵施工道路，截断施工水源或电源。

第十类

树植隐患类

1. 问题管控重点：在铁路线路安全保护区内种植影响铁路线路安全、供电设备安全、供电线路安全和行车瞭望的高大树木等植物。

2. 主要安全风险：高大树木倒伏会侵入限界，与机车车辆发生刮蹭，甚至发生相撞导致脱轨颠覆恶性事故。高大树木的树枝会与接触网导线、回流线、机车受电弓、电力线接触造成接触网跳闸。

3. 基本整治方法：依法对影响铁路安全的树木进行砍伐、修剪、截干等，消除安全隐患。

4. 主要法规标准：

(1)《铁路法》

第四十六条　在铁路弯道内侧、平交道口和人行过道附近，不得修建妨碍行车瞭望的建筑物和种植妨碍行车瞭望的树木。修建妨碍行车瞭望的建筑物的，由县级以上地方人民政府责令限期拆除。种植妨碍行车瞭望的树木的，由县级以上地方人民政府责令有关单位或者个人限期迁移或者修剪、砍伐。

（2）《铁路安全管理条例》（国务院令第639号）

第二十九条　禁止在铁路线路安全保护区内烧荒、放养牲畜、种植影响铁路线路安全和行车瞭望的树木等植物。禁止向铁路线路安全保护区排污、倾倒垃圾以及其他危害铁路安全的物质。

（3）《北京市铁路沿线安全管理规定》（北京市人民政府令第308号）

第十九条　在铁路线路两侧设置杆塔、烟囱等设施，运行吊车、塔吊等设备，或者种植树木等植物的，应当符合国家标准、行业标准等规定的安全距离，其所有人或者管理人应当采取防护措施，防止倒伏后侵入铁路建筑限界内。不符合安全距离的，所有人或者管理人应当修剪、迁移、拆除或者砍伐。

对铁路线路两侧五百米范围内的彩钢瓦、石棉瓦、树脂瓦、简易房、塑料薄膜、塑料大棚、防尘网、广告牌等轻质物体，以及废品收购站（点）、露天垃圾消纳点等场所，其所有人或者管理人应当采取有效的防风加固等安全防护措施，做好日常管理维护和清理回收工作，防止恶劣气象条件下危及铁路沿线安全。

铁路运输企业应当加强对铁路沿线的巡查，发现前款所有人或者管理人未按照规定采取措施消除安全隐患的，应当及时告知所有人或者管理人采取措施消除安全隐患。所有人或者管理人拒绝或者怠于处置的，铁路运输企业应当及时报告所在地区人民政府依法处置。情况紧急的，铁路运输企业可以先行采取应急处置措施，由此产生的费用由所有人或者管理人承担。

（4）《河北省铁路安全管理规定》（河北省人民政府令〔2020〕第3号）

第三十条　在铁路线路两侧新建杆塔、烟囱等设施，或者种植树木等植物的，产权人或者管理人应当确保设施或者植物倒伏后不得触及铁路防护栅栏、桥梁、电力线路导线，并不得侵入铁路建筑限界内。不符合规定的，产权人或者管理人应当拆除或者迁移、修剪、砍伐。

铁路线路两侧既有的杆塔、烟囱等设施或者植物，产权人或者管理人应当加强管理，采取避免倒伏的安全防护措施。铁路运输企业发现危及铁路安全的，应当及时告知产权人或者管理人消除安全隐患。

（5）《中华人民共和国森林法》

第三十二条　采伐林木必须申请采伐许可证，按许可证的规定进行采伐；农村居民采伐自留地和房前屋后个人所有的零星林木除外。

国有林业企业事业单位、机关、团体、部队、学校和其他国有企业事业单位采伐林木，由所在地县级以上林业主管部门依照有关规定审核发放采伐许可证。

铁路、公路的护路林和城镇林木的更新采伐，由有关主管部门依照有关规定审核发放采伐许可证。

农村集体经济组织采伐林木，由县级林业主管部门依照有关规定审核发放采伐许可证。

农村居民采伐自留山和个人承包集体的林木，由县级林业主管部门或者其委托的乡、镇人民政府依照有关规定审核发放采伐许可证。

采伐以生产竹材为主要目的的竹林，适用以上各款规定。

（6）《河北绿化委员会办公室　河北省林业厅　中国铁路北京局集团有限公司关于进一步规范铁路沿线绿化工作确保铁路运输安全的通知》（冀绿办字〔2018〕7号）

二、加快协调处置，及时消除铁路沿线安全隐患

对影响铁路运输安全的一级“危树”，铁路部门应立即向属地政府汇报，配合政府部门，迅速采取措施，立即消除安全隐患；对具有潜在安全隐患的树木，当地政府应当组织引导造林主体调整结构，采取大苗移植等措施，逐步更换为低矮树种，消除安全隐患。

在危刊处置中，应当充分考虑土地承包经营者合法权益，对合理的经济损失给予补偿；对已经获得铁路部门补偿，签订《危树砍伐处置协议》和《不在铁路沿线种植高大树木保证书》而又进行恶意种植行为的，应进行严肃查处、依法打击；对威胁铁路运输安全或造成铁路交通事故的有关责任人，

应依法追究相关责任。

三、铁路沿线、供电线周边植树绿化标准

1. 绿化总体原则。

铁路沿线绿化坚持内低外高、内灌外乔、乔灌结合的原则。靠近铁路线路地带以灌木或小乔木为主，远离线路地带以灌木、乔木为主，确保铁路行车安全的前提下，力争实现立体复层多彩的绿化效果。

2. 绿化安全距离。

铁路沿线两侧植树安全距离为：栽植坑与地下电缆之间距离不低于1米；栽植树木与铁路防护栅栏或高架桥桥梁外侧、铁路供电线之间距离不低于树木生长最大高度加5米。

3. 绿化具体要求。

（1）距路基坡脚、桥梁外侧向外20米范围内种植灌木或低矮乔木，主要树种可选择：爬地柏、紫叶李、木模、金银木、黄杨、金雀梅、沙棘、榆叶梅、紫叶小柴、腊梅、胡枝子、丁香、迎春、紫薇、红瑞木、黄护、锦带、紫穗槐等以及苹果、梨、桃、葡萄等经济林树种。

（2）距路墓坡脚、桥梁外侧向外20米至40米范围内可种植最大生长量不超过20米的乔木。主要树种可选择：馒头柳、来树、金枝国槐、国槐（截杆苗）、山桃、白蜡、合欢、火炬、龙爪槐、松柏树类以及苹果、梨、桃、葡萄等经济林树种。

（3）距路基坡脚、桥梁外侧向外40米以外可种植乔木树种不限。主要树种可选择：杨、柳、榆、槐、法桐等。

（4）铁路供电线下方及两侧边导线20米范围内可种植灌木。20米范围外可种植乔木，但须选择适当祠种，防止倒伏后搭接供电线。

（7）《铁路技术管理规程（普速铁路部分）》（TG/01—2014）

第142条　架空线线路下面，地下光缆和电缆线路上面，禁止植树。架空线线路附近的树枝与线条的距离，在市区内不小于1 000 mm，在市区外不小于2 000 mm。地下光缆和电缆线路与树木的平行距离，在市区内不小于750 mm，在市区外不小于2 000 mm。

第十一类

违法排放类

1. 问题管控重点：在电气化铁路附近从事排放粉尘、烟尘及腐蚀性气体的生产活动，超过国家规定的排放标准。

2. 主要安全风险：超标准排放的粉尘、烟尘及腐蚀性气体会造成电气化铁路接触网发生污闪、短路跳闸，会腐蚀接触网设备，造成行车中断和设备损坏。

3. 基本整治方法：政府相关主管部门严厉查处发生在铁路附近的违法排放粉尘、烟尘及腐蚀性气体活动。

4. 主要法规标准：

《铁路安全管理条例》（国务院令第639号）

第三十六条　在电气化铁路附近从事排放粉尘、烟尘及腐蚀性气体的生产活动，超过国家规定的排放标准，危及铁路运输安全的，由县级以上地方人民政府有关部门依法责令整改，消除安全隐患。

第十二类

硬飘浮物类

1. 问题管控重点：在铁路沿线两侧线路安全保护区内或一定邻近范围内建设彩钢瓦房、铁皮房、广告牌等金属材料建（构）筑物，以及存放、堆放的彩钢板材。

2. 主要安全风险：铁路沿线建设的彩钢房、广告牌、堆放的彩钢板材等遇恶劣天气等情况被刮到铁路线路上，严重危及高铁和旅客列车安全。

3. 基本整治方法：依法对违建、私搭乱建等进行拆除。对安全保护范围内的彩钢板类建（构）筑物，不能保证安全的坚决拆除，其他不能拆除的采取达标的加固措施。

4. 主要法规标准：

(1)《铁路安全管理条例》(国务院令第 639 号)

第三十条　在铁路线路安全保护区内建造建筑物、构筑物等设施，取土、挖砂、挖沟、采空作业或者堆放、悬挂物品，应当征得铁路运输企业同意并签订安全协议，遵守保证铁路安全的国家标准、行业标准和施工安全规范，采取措施防止影响铁路运输安全。铁路运输企业应当派员对施工现场实行安全监督。

第三十一条　铁路线路安全保护区内既有的建筑物、构筑物危及铁路运输安全的，应当采取必要的安全防护措施；采取安全防护措施后仍不能保证安全的，依照有关法律的规定拆除。拆除铁路线路安全保护区内的建筑物、构筑物，清理铁路线路安全保护区内的植物，或者对他人在铁路线路安全保护区内已依法取得的采矿权等合法权利予以限制，给他人造成损失的，应当依法给予补偿或者采取必要的补救措施。但是，拆除非法建设的建筑物、构筑物的除外。

第三十二条　在铁路线路安全保护区及其邻近区域建造或者设置的建筑物、构筑物、设备等，不得进入国家规定的铁路建筑限界。

（2）《高速铁路安全防护管理办法》（交通运输部令 2020 年第 8 号）

第二十四条　对高速铁路线路两侧的塑料大棚、彩钢棚、广告牌、防尘网等轻质建筑物、构筑物，其所有权人或者实际控制人应当采取加固防护措施，并对塑料薄膜、锡箔纸、彩钢瓦、铁皮等建造、构造材料及时清理，防止大风天气条件下危害高速铁路安全。

（3）《国务院办公厅转发交通运输部等单位关于加强铁路沿线安全环境治理工作意见的通知》（国办函〔2021〕49号）

实施存量隐患集中治理销号行动。以铁路两侧500米范围内的彩钢瓦、石棉瓦、树脂瓦、简易房、塑料薄膜、防尘网、广告牌等轻质物体为重点，建立存量问题隐患库，制定针对性整治方案，实行闭环销号管理，力争2022年底前全部治理完成。

（4）《北京市铁路沿线安全管理规定》（北京市人民政府令第308号）

第十九条　在铁路线路两侧设置杆塔、烟囱等设施，运行吊车、塔吊等设备，或者种植树木等植物的，应当符合国家标准、行业标准等规定的安全距离，其所有人或者管理人应当采取防护措施，防止倒伏后侵入铁路建筑限界内。不符合安全距离的，所有人或者管理人应当修剪、迁移、拆除或者砍伐。

对铁路线路两侧五百米范围内的彩钢瓦、石棉瓦、树脂瓦、简易房、塑料薄膜、塑料大棚、防尘网、广告牌等轻质物体，以及废品收购站（点）、露天垃圾消纳点等场所，其所有人或者管理人应当采取有效的防风加固等安全防护措施，做好日常管理维护和清理回收工作，防止恶劣气象条件下危及铁路沿线安全。

铁路运输企业应当加强对铁路沿线的巡查，发现前款所有人或者管理人未按照规定采取措施消除安全隐患的，应当及时告知所有人或者管理人采取措施消除安全隐患。所有人或者管理人拒绝或者怠于处置的，铁路运输企业应当及时报告所在地区人民政府依法处置。情况紧急的，铁路运输企业可以先行采取应急处置措施，由此产生的费用由所有人或者管理人承担。

（5）《天津市铁路安全管理规定》（天津市人民政府令第28号）

第二十条　对铁路线路两侧各500米范围内的彩钢瓦、石棉瓦、树脂瓦、简易房、塑料薄膜、塑料大棚、防尘网、广告牌等轻质物体以及废品收购点、露天垃圾消纳点等场所，其所有人或者管理人应当加强日常巡查、维护，采取有效的防风加固措施，并对散落的塑料薄膜、防尘网、锡箔纸、反光膜、铁皮等材料及时清理，防止大风等恶劣气象条件下危及铁路运输安全。

（6）《河北省铁路安全管理规定》（河北省人民政府令〔2020〕第3号）

第三十一条　铁路线路两侧各一百米范围内堆放彩钢板等轻型材料的场所，采用轻型材料搭建的建筑物、构筑物和广告牌（匾）、灯箱、电子显示屏等，其产权人或者管理人应当采取措施，消除铁路安全隐患。铁路线路两侧各五百米范围内的废品收购站、露天垃圾消纳点以及防尘网、农用薄膜、反光膜、塑料大棚等，其产权人或者管理人应当采取有效的防风加固措施，加强日常巡查维护，防止大风天气条件下危及铁路运输安全。

（7）《山西省铁路安全管理办法》（山西省人民政府令第276号）

第十九条　铁路线路安全保护区内，不得采用彩钢瓦、铁皮、塑料薄膜等轻质材料搭建板房、彩钢棚、围挡、塑料大棚，以及悬挂广告牌匾、灯箱等。铁路线路路堤坡脚、路堑坡顶、铁路桥梁外侧起向外一百米范围内，不得露天堆放彩钢瓦、夹芯板等轻型材料；五百米范围内，不得擅自升放无人驾驶航空器、风筝、孔明灯等低空飞行物。

铁路线路安全保护区外一百米范围内有本条第一款规定情形的，以及铁路线路路堤坡脚、路堑坡顶、铁路桥梁外侧起向外五百米范围内的防尘网、塑料大棚等轻飘物，其所有权人或者管理人应当采取措施，消除铁路安全隐患。

（8）《山东省铁路安全管理条例》

第二十八条　在铁路线路安全保护区的邻近区域采用彩钢瓦、铁皮、塑料薄膜等轻质材料搭建板房、彩钢棚、塑料大棚和铺设防尘网、防晒网的，其产权人或者管理人应当加强管理，采取必要的安全防护措施，防止因掉落、脱落、飘浮影响铁路运输安全。

（9）《河南省铁路安全管理规定》（河南省人民政府令第198号）

第三十二条　铁路线路安全保护区内非法建设的塑料大棚、彩钢棚、活动板房、广告牌、防尘网等临时建筑物、构筑物，应当依法予以拆除。上述范围内合法建设的建筑物、构筑物，因危及铁路安全需要依法拆除的，应当依法给予补偿或者采取必要的补救措施。

对高速铁路线路路堤坡脚、路堑坡顶或者铁路桥梁外侧起向外 100 米范围内的塑料大棚、彩钢棚、活动板房、广告牌、防尘网等临时建筑物、构筑物，产权人或者管理人应当采取加固防护措施，防止大风天气条件下危害高速铁路安全。

第十三类

轻飘浮物类

1. 问题管控重点：在铁路线路两侧 500 米范围内设置的塑料大棚、地膜等塑料制品，防尘网、楼体防护网、防鸟（虫、雹）网等网类，各类苫盖或晾晒物料的布类，果园反光膜、建筑材料包装膜等，含有塑料袋等垃圾，以及广告布等轻质物体处置不规范、设置不牢固。

2. 主要安全风险：轻飘浮物被大风吹上铁路接触网、动车组受电弓上或落线路上，直接危及供电安全或列车安全。

3. 基本整治方法：加强铁路安全普法宣传，提高沿线企事业单位、人民群众铁路安全意识，不在高铁桥下、线路两侧乱扔垃圾，自觉清理破损、废弃和非法设置的轻飘浮物料，及时加固同意设置的在用轻飘浮物料，长期使用的要签订安全互保协议，确保安全。

4. 主要法规标准：

（1）《铁路安全管理条例》（国务院令第639号）

第二十九条　禁止在铁路线路安全保护区内烧荒、放养牲畜、种植影响铁路线路安全和行车瞭望的树木等植物。禁止向铁路线路安全保护区排污、倾倒垃圾以及其他危害铁路安全的物质。

第五十三条　禁止实施下列危害电气化铁路设施的行为：

（一）向电气化铁路接触网抛掷物品；

（二）在铁路电力线路导线两侧各500米的范围内升放风筝、气球等低空飘浮物体。

（2）《高速铁路安全防护管理办法》（交通运输部令2020年第8号）

第二十四条　在高速铁路电力线路导线两侧各500米范围内，不得升放风筝、气球、孔明灯等飘浮物体，不得使用弓弩、弹弓、汽枪等攻击性器械从事可能危害高速铁路安全的行为。在高速铁路电力线路导线两侧升放无人机的，应当遵守国家有关规定。对高速铁路线路两侧的塑料大棚、彩钢棚、广告牌、防尘网等轻质建筑物、构筑物，其所有权人或者实际控制人应当采取加固防护措施，并对塑料薄膜、锡箔纸、彩钢瓦、铁皮等建造、构造材料及时清理，防止大风天气条件下危害高速铁路安全。

（3）《国务院办公厅转发交通运输部等单位关于加强铁路沿线安全环境治理工作意见的通知》（国办函〔2021〕49号）

实施存量隐患集中治理销号行动。以铁路两侧500米范围内的彩钢瓦、石棉瓦、树脂瓦、简易房、塑料薄膜、防尘网、广告牌等轻质物体为重点，建立存量问题隐患库，制定针对性整治方案，实行闭环销号管理，力争2022年底前全部治理完成。

（4）《住房城乡建设部　国家铁路局　中国铁路总公司关于建立高速铁路沿线环境综合整治长效机制的意见》（建督〔2017〕236号）

加强铁路两侧500米可视区范围内环境卫生整治。有效管控卫生环境，对露天堆放的生活垃圾、建筑垃圾、废品废料、河塘漂浮物、露天粪坑、污水坑及“白色污染”等轻飘物品及时清理到位。规范管理建设工地，确保工地围挡设立安全。

（5）《北京市铁路沿线安全管理规定》（北京市人民政府令第308号）

第十九条　在铁路线路两侧设置杆塔、烟囱等设施，运行吊车、塔吊等设备，或者种植树木等植物的，应当符合国家标准、行业标准等规定的安全距离，其所有人或者管理人应当采取防护措施，防止倒伏后侵入铁路建筑限界内。不符合安全距离的，所有人或者管理人应当修剪、迁移、拆除或者砍伐。

对铁路线路两侧五百米范围内的彩钢瓦、石棉瓦、树脂瓦、简易房、塑料薄膜、塑料大棚、防尘网、广告牌等轻质物体，以及废品收购站（点）、露天垃圾消纳点等场所，其所有人或者管理人应当采取有效的防风加固等安全防护措施，做好日常管理维护和清理回收工作，防止恶劣气象条件下危及铁路沿线安全。

铁路运输企业应当加强对铁路沿线的巡查，发现前款所有人或者管理人未按照规定采取措施消除安全隐患的，应当及时告知所有人或者管理人采取措施消除安全隐患。所有人或者管理人拒绝或者怠于处置的，铁路运输企业应当及时报告所在地区人民政府依法处置。情况紧急的，铁路运输企业可以先行采取应急处置措施，由此产生的费用由所有人或者管理人承担。

第二十条　禁止在铁路电力线路导线两侧各五百米范围内升放风筝、气球、孔明灯等低空飘浮物体。

禁止在高速铁路电力线路导线两侧各一百米范围内和普通铁路电力线路导线两侧各五十米的范围内违法开展飞行活动。因安全保卫、应急救援、现场勘查、施工作业、气象探测等确需开展上述飞行活动的，应当依法依规办理相关手续，采取必要的安全防护措施，并提前通知铁路运输企业。

(6)《天津市铁路安全管理规定》(天津市人民政府令第28号)

第二十条　对铁路线路两侧各500米范围内的彩钢瓦、石棉瓦、树脂瓦、简易房、塑料薄膜、塑料大棚、防尘网、广告牌等轻质物体以及废品收购点、露天垃圾消纳点等场所，其所有人或者管理人应当加强日常巡查、维护，采取有效的防风加固措施，并对散落的塑料薄膜、防尘网、锡箔纸、反光膜、铁皮等材料及时清理，防止大风等恶劣气象条件下危及铁路运输安全。

第二十一条　禁止在电气化铁路电力线路导线两侧各500米范围内升放风筝、气球等低空飘浮物体。

(7)《河北省铁路安全管理规定》(河北省人民政府令〔2020〕第3号)

第三十一条　铁路线路两侧各一百米范围内堆放彩钢板等轻型材料的场所，采用轻型材料搭建的建筑物、构筑物和广告牌(匾)、灯箱、电子显示屏等，其产权人或者管理人应当采取措施，消除铁路安全隐患。铁路线路两侧各五百米范围内的废品收购站、露天垃圾消纳点以及防尘网、农用薄膜、反光膜、塑料大棚等，其产权人或者管理人应当采取有效的防风加固措施，加强日常巡查维护，防止大风天气条件下危及铁路运输安全。

(8)《山西省铁路安全管理办法》(山西省人民政府令第276号)

第十九条　铁路线路安全保护区内，不得采用彩钢瓦、铁皮、塑料薄膜等轻质材料搭建板房、彩钢棚、围挡、塑料大棚，以及悬挂广告牌匾、灯箱等。铁路线路路堤坡脚、路堑坡顶、铁路桥梁外侧起向外一百米范围内，不得露天堆放彩钢瓦、夹芯板等轻型材料；五百米范围内，不得擅自升放无人驾驶航空器、风筝、孔明灯等低空飞行物。

铁路线路安全保护区外一百米范围内有本条第一款规定

情形的，以及铁路线路路堤坡脚、路堑坡顶、铁路桥梁外侧起向外五百米范围内的防尘网、塑料大棚等轻飘物，其所有权人或者管理人应当采取措施，消除铁路安全隐患。

(9)《山东省铁路安全管理条例》

第二十八条　在铁路线路安全保护区的邻近区域采用彩钢瓦、铁皮、塑料薄膜等轻质材料搭建板房、彩钢棚、塑料大棚和铺设防尘网、防晒网的，其产权人或者管理人应当加强管理，采取必要的安全防护措施，防止因掉落、脱落、飘浮影响铁路运输安全。

(10)《河南省铁路安全管理规定》(河南省人民政府令第198号)

第三十二条　铁路线路安全保护区内非法建设的塑料大棚、彩钢棚、活动板房、广告牌、防尘网等临时建筑物、构筑物，应当依法予以拆除。上述范围内合法建设的建筑物、构筑物，因危及铁路安全需要依法拆除的，应当依法给予补偿或者采取必要的补救措施。

对高速铁路线路路堤坡脚、路堑坡顶或者铁路桥梁外侧起向外100米范围内的塑料大棚、彩钢棚、活动板房、广告牌、防尘网等临时建筑物、构筑物，产权人或者管理人应当采取加固防护措施，防止大风天气条件下危害高速铁路安全。

第十四类

危害铁路通信信号设施类

1. 问题管控重点：实施危害铁路地下、过河光（电）缆等设施安全的违法行为。

2. 主要安全风险：通信、信号设施是重要的铁路行车设备设施，一旦发生破损、挖断，将直接造成行车中断，造成列车晚点。

3. 基本整治方法：加强铁路安全普法宣传，提高沿线企事业单位、人民群众铁路安全意识，不未经铁路同意在铁路附近钻探、建造、堆放重物、垃圾、焚烧物品、倾倒腐蚀性物质等。铁路部门加强排查、告知。对破损废弃塑料大棚及时清理干净。

4. 主要法规标准：

(1)《铁路安全管理条例》(国务院令第 639 号)

第五十二条　禁止实施下列危及铁路通信、信号设施安全的行为：

（一）在埋有地下光（电）缆设施的地面上方进行钻探，堆放重物、垃圾，焚烧物品，倾倒腐蚀性物质；

（二）在地下光（电）缆两侧各1米的范围内建造、搭建建筑物、构筑物等设施；

（三）在地下光（电）缆两侧各1米的范围内挖砂、取土；

（四）在过河光（电）缆两侧各100米的范围内挖砂、抛锚或者进行其他危及光（电）缆安全的作业。

(2)《中华人民共和国无线电管理条例》（国务院　中央军事委员会令第672号）

第六十四条　国家对船舶、航天器、航空器、铁路机车专用的无线电导航、遇险救助和安全通信等涉及人身安全的无线电频率予以特别保护。任何无线电发射设备和辐射无线电波的非无线电设备对其产生有害干扰的，应当立即消除有害干扰。

(3)《铁路无线电管理办法》（工业和信息化部　交通运输部令第56号）

第三十三条　国家对依法使用的用于铁路运营指挥调度、列车运行控制、安全通信等涉及人身安全的无线电频率予以特别保护。任何无线电发射设备和辐射无线电波的非无线电设备对其产生有害干扰的，应当立即消除有害干扰。

第十五类

危害电气化铁路设施类

1. 问题管控重点：未经允许非法攀登铁路电力线路杆塔或者在杆塔上架设、安装其他设施设备，在铁路电力线路杆塔、拉线周围20米范围内取土、打桩、钻探或者倾倒有害化学物品，向电气化铁路接触网抛掷物品和触碰电气化铁路接触网等。

2. 主要安全风险：上述行为会危害电气化铁路设施设备，严重的会造成跳闸停电，接触网倒杆、塌网等事故。

3. 基本整治方法：加强铁路安全普法宣传，提高沿线企事业单位、人民群众铁路安全意识，自觉维护爱护相关设备设施。铁路部门加强排查、及时发现上述违法行为，立即进行制止和报告。

4. 主要法规标准：

(1)《铁路安全管理条例》(国务院令第639号)

第五十三条　禁止实施下列危害电气化铁路设施的行为：

（一）向电气化铁路接触网抛掷物品；

（二）在铁路电力线路导线两侧各500米的范围内升放风筝、气球等低空飘浮物体；

（三）攀登铁路电力线路杆塔或者在杆塔上架设、安装其他设施设备；

（四）在铁路电力线路杆塔、拉线周围20米范围内取土、打桩、钻探或者倾倒有害化学物品；

（五）触碰电气化铁路接触网。

（2）《电力设施保护条例》（国务院令〔1998〕239号，2011年修订）

第十条　电力线路保护区：

（一）架空电力线路保护区：导线边线向外侧水平延伸并垂直于地面所形成的两平行面内的区域，在一般地区各级电压导线的边线延伸距离如下：

1—10千伏	5米
35—110千伏	10米
154—330千伏	15米
500千伏	20米

在厂矿、城镇等人口密集地区，架空电力线路保护区的区域可略小于上述规定。但各级电压导线边线延伸的距离，不应小于导线边线在最大计算弧垂及最大计算风偏后的水平距离和风偏后距建筑物的安全距离之和。

（二）电力电缆线路保护区：地下电缆为电缆线路地面标

桩两侧各0.75米所形成的两平行线内的区域；海底电缆一般为线路两侧各2海里（港内为两侧各100米），江河电缆一般不小于线路两侧各100米（中、小河流一般不小于各50米）所形成的两平行线内的水域。

第十四条　任何单位或个人，不得从事下列危害电力线路设施的行为：

（一）向电力线路设施射击；

（二）向导线抛掷物体；

（三）在架空电力线路导线两侧各300米的区域内放风筝；

（四）擅自在导线上接用电器设备；

（五）擅自攀登杆塔或在杆塔上架设电力线、通信线、广播线，安装广播喇叭；

（六）利用杆塔、拉线作起重牵引地锚；

（七）在杆塔、拉线上拴牲畜、悬挂物体、攀附农作物；

（八）在杆塔、拉线基础的规定范围内取土、打桩、钻探、开挖或倾倒酸、碱、盐及其他有害化学物品；

（九）在杆塔内（不含杆塔与杆塔之间）或杆塔与拉线之间修筑道路；

（十）拆卸杆塔或拉线上的器材，移动、损坏永久性标志或标志牌；

（十一）其他危害电力线路设施的行为。

第十五条　任何单位或个人在架空电力线路保护区内，

必须遵守下列规定：

（一）不得堆放谷物、草料、垃圾、矿渣、易燃物、易爆物及其他影响安全供电的物品；

（二）不得烧窑、烧荒；

（三）不得兴建建筑物、构筑物；

（四）不得种植可能危及电力设施安全的植物。

第十六条　任何单位或个人在电力电缆线路保护区内，必须遵守下列规定：

（一）不得在地下电缆保护区内堆放垃圾、矿渣、易燃物、易爆物，倾倒酸、碱、盐及其他有害化学物品，兴建建筑物、构筑物或种植树木、竹子；

（二）不得在海底电缆保护区内抛锚、拖锚；

（三）不得在江河电缆保护区内抛锚、拖锚、炸鱼、挖沙。

第十六类

非法通行类

1. 问题管控重点：私设非法道口和非法人行通道，非法进入铁路线路以及封闭站场等问题。

2. 主要安全风险：私设非法道口和非法人行通道在一些运量较小支线铁路时有发生，闲杂人员非法进入封闭线路，会影响列车正常运行，严重的会发生列车相撞事故，造成人员伤亡。

3. 基本整治方法：加强铁路安全普法宣传，提高铁路安全意识。铁路公安机关加强重点人员排查教育。铁路部门加强技防、物防建设，补强防护设施。对违法行为人严肃查处，依法处理。

4. 主要法规标准：

《铁路安全管理条例》（国务院令第 639 号）

第四十六条　设置或者拓宽铁路道口、铁路人行过道，应当征得铁路运输企业的同意。

第七十七条　禁止实施下列危及铁路安全的行为：

（一）非法拦截列车、阻断铁路运输；

（二）扰乱铁路运输指挥调度机构以及车站、列车的正常秩序；

（三）在铁路线路上放置、遗弃障碍物；

（四）击打列车；

（五）擅自移动铁路线路上的机车车辆，或者擅自开启列车车门、违规操纵列车紧急制动设备；

（六）拆盗、损毁或者擅自移动铁路设施设备、机车车辆配件、标桩、防护设施和安全标志；

（七）在铁路线路上行走、坐卧或者在未设道口、人行过道的铁路线路上通过；

（八）擅自进入铁路线路封闭区域或者在未设置行人通道的铁路桥梁、隧道通行；

（九）擅自开启、关闭列车的货车阀、盖或者破坏施封状态；

（十）擅自开启列车中的集装箱箱门，破坏箱体、阀、盖或者施封状态；

（十一）擅自松动、拆解、移动列车中的货物装载加固材料、装置和设备；

（十二）钻车、扒车、跳车；

（十三）从列车上抛扔杂物；

（十四）在动车组列车上吸烟或者在其他列车的禁烟区域吸烟；

（十五）强行登乘或者以拒绝下车等方式强占列车；

（十六）冲击、堵塞、占用进出站通道或者候车区、站台。

第十七类

非法烧荒类

1. 问题管控重点：非法在铁路线路安全保护区内烧荒。

2. 主要安全风险：烧荒可能引发更加严重的火灾，浓烟和火情影响瞭望，会造成非正常停车，影响列车运行，中断行车，甚至引发列车火灾。

3. 基本整治方法：加强铁路安全普法宣传，提高铁路安全意识和环保意识，自觉抑制烧荒行为。铁路部门、农业农村部门加强巡查，加强查处。

4. 主要法规标准：

(1)《铁路安全管理条例》（国务院令第639号）

第二十九条　禁止在铁路线路安全保护区内烧荒、放养牲畜、种植影响铁路线路安全和行车瞭望的树木等植物。禁止向铁路线路安全保护区排污、倾倒垃圾以及其他危害铁路安全的物质。

（2）《北京市铁路沿线安全管理规定》（北京市人民政府令第 308 号）

第十六条　禁止在铁路线路安全保护区内燃放烟花、焰火，焚烧秸秆、垃圾等容易排放烟雾、粉尘、废气的物质。

第十八类

放养牲畜类

1. 问题管控重点：在铁路线路安全保护区内放养牲畜问题。

2. 主要安全风险：会产生牲畜上道问题，发生列车撞牲畜事故。撞击大型牲畜，更可能造成机车脱轨、列车脱轨和人员伤亡事故。

3. 基本整治方法：加强铁路安全普法宣传，提高铁路安全意识，自觉不到铁路沿线放牲畜。铁路部门、农业农村部门加强巡查，及时劝阻。发生问题、造成损失严肃追究责任。

4. 主要法规标准：

（1）《铁路安全管理条例》（国务院令第 639 号）

第二十九条　禁止在铁路线路安全保护区内烧荒、放养牲畜、种植影响铁路线路安全和行车瞭望的树木等植物。禁止向铁路线路安全保护区排污、倾倒垃圾以及其他危害铁路安全的物质。

（2）《铁路法》

第五十二条　禁止在铁路线路两侧二十米以内或者铁路防护林地内放牧。

第二节 《铁路安全管理条例》相关处罚条款

第八十八条 在铁路线路安全保护区内烧荒、放养牲畜、种植影响铁路线路安全和行车瞭望的树木等植物，或者向铁路线路安全保护区排污、倾倒垃圾以及其他危害铁路安全的物质的，由铁路监督管理机构责令改正，对单位可以处 5 万元以下的罚款，对个人可以处 2 000 元以下的罚款。

第八十九条 未经铁路运输企业同意或者未签订安全协议，在铁路线路安全保护区内建造建筑物、构筑物等设施，取土、挖砂、挖沟、采空作业或者堆放、悬挂物品，或者违反保证铁路安全的国家标准、行业标准和施工安全规范，影响铁路运输安全的，由铁路监督管理机构责令改正，可以处 10 万元以下的罚款。

铁路运输企业未派员对铁路线路安全保护区内施工现场进行安全监督的，由铁路监督管理机构责令改正，可以处 3 万元以下的罚款。

第九十条 在铁路线路安全保护区及其邻近区域建造或者设置的建筑物、构筑物、设备等进入国家规定的铁路建筑限界，或者在铁路线路两侧建造、设立生产、加工、储存或者销售易燃、易爆或者放射性物品等危险物品的场所、仓库不符合国家标准、行业标准规定的安全防护距离的，由铁路监督管理机构责令改正，对单位处5万元以上20万元以下的罚款，对个人处1万元以上5万元以下的罚款。

第九十一条 有下列行为之一的，分别由铁路沿线所在地县级以上地方人民政府水行政主管部门、国土资源主管部门或者无线电管理机构等依照有关水资源管理、矿产资源管理、无线电管理等法律、行政法规的规定处罚：

（一）未经批准在铁路线路两侧各1 000米范围内从事露天采矿、采石或者爆破作业；

（二）在地下水禁止开采区或者限制开采区抽取地下水；

（三）在铁路桥梁跨越处河道上下游各1 000米范围内围垦造田、拦河筑坝、架设浮桥或者修建其他影响铁路桥梁安全的设施；

（四）在铁路桥梁跨越处河道上下游禁止采砂、淘金的范围内采砂、淘金；

（五）干扰铁路运营指挥调度无线电频率正常使用。

第九十二条 铁路运输企业、道路管理部门或者道路经营企业未履行铁路、道路两用桥检查、维护职责的，由铁路监督管理机构或者上级道路管理部门责令改正；拒不改正的，由铁路监督管理机构或者上级道路管理部门指定其他单位进行养护和维修，养护和维修费用由拒不履行义务的铁路运输企业、道路管理部门或者道路经营企业承担。

第九十三条 机动车通过下穿铁路桥梁、涵洞的道路未遵守限高、限宽规定的，由公安机关依照道路交通安全管理法律、行政法规的规定处罚。

第九十四条 违反本条例第四十八条、第四十九条关于铁路道口安全管理的规定的，由铁路监督管理机构责令改正，处 1 000 元以上 5 000 元以下的罚款。

第九十五条 违反本条例第五十一条、第五十二条、第五十三条、第七十七条规定的，由公安机关责令改正，对单位处 1 万元以上 5 万元以下的罚款，对个人处 500 元以上 2 000 元以下的罚款。